# 野口悠紀雄の経済データ分析講座

## 企業の利益が増えても、なぜ賃金は上がらないのか?

野口悠紀雄◉著
*Yukio Noguchi*

ダイヤモンド社

# はじめに

安倍晋三内閣が２０１２年12月に発足して以降、日本企業の利益は著しく増加し、株価も上昇した。このことをもって、安倍内閣の経済政策は成功だったとする評価が多い。

しかし、家計や労働者の立場からすると、状況はよくない。実質賃金は低下しているし、家計消費もほとんど伸びていない。労働分配率は低下している。

また、目を世界経済に向けると、この期間だけをとっても、世界の多くの国が、目覚ましく成長した。

ドル表示での名目ＧＤＰを見ると、12年から18年の間に、アメリカのそれは、16・２兆ドルから20・５兆ドルへと26・５％増加した。中国の名目ＧＤＰは、８・６兆ドルから13・４兆ドルへと56・4％も増加した。しかし、日本の名目GDPは、円安が進行したため、6・2兆ドルから5・0兆ドルへと19・8％も減少したのだ。

この結果、日本とアメリカのGDPの比率は、2・6倍から4・1倍に拡大した。中国との比率は、1・4倍から2・7倍に開いた。

なぜこうしたことになったのか？

本書の目的は、この背後にあるメカニズムを分析することだ。

分析の主たる対象は、企業利益が増加した原因だ。

一般には、円安によって輸出が増大したために輸出関連企業の利益が増え、これが他の産業にも波及したと考えられている。そして、本来であれば、この成果の一部は賃上げになって労働者にも分配されるべきだが、まだそれが行なわれていないと言われる。これは、経済は拡大しつつある途中であり、時間がたてば、企業利益だけでなく、あらゆる経済指標が好転するだろうという考えだ。政府がこのような説明を行なっている。

本書は、まずこのような考えがデータで裏付けられるかどうかを検討する。「裏付けられない」というのが、本書の基本的な結論だ。とくに重要なポイントは、この6年間に企業の売上高が目立って増加したわけではないことである。つまり、日本経済は量的に拡大していないのだ。

経済が拡大しないにもかかわらず利益が増えたのは、企業が人件費を圧縮したからだ。

では、日本経済が労働力不足に直面しており、多くの企業が人手不足に苦しんでいるにもかかわらず、人件費が圧縮されたのは、どうしてか？　人手不足にもかかわらず賃金が上がらないというのは重要な問題であり、ぜひ解明されなければならないことだ。

これに対する答えは、企業規模別や業種別などの細かい経済構造に立ち入ってみないと分からない。この分析を行なっていることが本書の特徴だ。

本書は、つぎのようなことを見いだしている。

零細小売業や零細飲食サービス業など経済の低生産性部門で売り上げが減少し、それが低賃金労働のプールになっている。ここから供給される労働者が非正規雇用になるために、家計所得が増えない。そのため、消費が増えず、零細小売業や零細飲食サービス業の売り上げが減少し、減量経営が行なわれている。つまり、政府が言うような経済規模の拡大が起きているのではなく、減量経営の悪循環が生じているのだ。これは極めて深刻な事態だ。

本書は、日本経済に関心を持つすべての方々に読んでいただくことを想定している。このため、経済学の知識がなくても読み進めることができるように、基本的な概念について説明を加えている。

本書の概要は、以下のとおりだ。

第1章から第4章までで明らかにしたいのは、「企業の利益が著しく増加したのはなぜか？」「それにもかかわらず賃金が上昇しなかったのはなぜか？」ということだ。

第1章では、企業利益増加の要因を分析する。円安によって輸出産業の売上高が増加し、利益が増加したという普通言われている考えは、データによって裏付けられない。データが示すのは、企業利益の増加は人件費の圧縮によって実現したことだ。売上高がわずかでも増加するときに人件費の増加が抑えられると、利益は大きく増加するのである。

なお、製造業では、原油価格の下落によって原価が減少したことの効果も大きい。

第2章と第3章では、なぜ人件費圧縮が可能になったかを探る。第2章では、売上高や人件費について、業種別や企業規模別に著しい差があることを指摘する。

大企業で売り上げが増加したのに対して、零細企業では増加しないか、あるいは減少したので、減量経営を余儀なくされた。とりわけ、小売業や飲食サービス業でこれが顕著だった。これによって、この部門での就業者が減少した。
これは、日本経済の新しい二重構造と言えるものだ。

第3章では、零細企業から放出された労働力が規模のより大きな企業に雇用されたが、その際、非正規労働者あるいは賃金が低い労働者として雇われた可能性が高いことを示す。これが、第1章で見た企業利益増を可能にしたのだ。このような可能性にさらされている潜在的労働者は、大きく見積もれば、総労働人口の5分の1程度にも及ぶと推定される。

第2章や第3章で述べたことは、これまで指摘されることがなかった。これは、企業のデータを業種別・規模別に詳しく見ることによって、初めて明らかにされる事実だ。そして、これこそが、日本経済の現状を理解する上で最も重要な事実であると考えられる。

第4章では、非正規労働や低賃金労働者の増加が、家計にどのような影響を及ぼしたかを分析する。

世帯主が非正規である可能性を考えると、非正規労働者の増加が家計所得を増やしているとは言えない。これが消費を抑圧する。そして、これが小売業や飲食サービス業の売り上げ減少を招く。それが第3章で述べる労働者の移動を引き起こす。かくして、悪循環が生じていることとになる。

この構造は、図表4－7にまとめられている。

第5章では、日本の将来をいかなる産業に託せばよいかを探る。製造業は衰退している。とりわけ、かつて日本が世界を制覇した半導体産業の衰退ぶりが著しい。先進国経済では、高度サービス産業が将来を担う必要がある。しかし、日本の高度サービス産業は、規模が小さい。アメリカで、高度サービス産業が急成長して製造業より規模が大きくなり、経済を牽引《けんいん》しているのと対照的だ。

第6章では、金融政策の検証を行なう。日本銀行が13年に開始した異次元金融緩和政策では、消費者物価上昇率を2％にすることが目標とされた。しかし、この目標は、いまに至るまで達成されていない。

アメリカで消費者物価の上昇率が高いのに対して、日本では低い。こうなる基本的な理由は、高度サービスに対する需要と供給が、アメリカにおいては顕著に増加しているが、日本ではそうでないことだ。

この章では、「リバーサルレート」や「ＭＭＴ」など、最近話題を集めている問題についても説明する。

第7章のテーマは、「カネ余り」だ。これは、企業が、増加した利益を現金・預金で保有することを指す。企業のカネ余りは、アベノミクス下で顕著に進行した現象だ。

「カネ余りが生じたのは金融緩和のためだ」と考えている人が多い。しかし、実際には、因果関係は逆である。企業がカネ余り状態であったために銀行からの借り入れが増えず、したがってマネーストックが増加しなかったのである。

第8章では、19年の初めに問題になった「毎月勤労統計調査」の不正問題を振り返る。不正な方法でデータを収集したことは確かに大問題だ。ただし、データ利用者の立場からすると、過去のデータが消失してしまったことのほうがもっと大きな問題だ。これでは、客観的な経済分析を行なうことができない。

第9章では、統計データサイトの具体的な利用法を、政府のデータサイトを中心として説明する。検索エンジンでデータを探そうとしても、表示されたサイトに極めて多数の統計表があり、どれを見たらよいかが分からない場合が多い。

また、最近増えているデータベース方式のサイトは、便利なのだが、使い方が分かりにくいことが多い。

本書の刊行にあたっては、ダイヤモンド社書籍編集局第二編集部の田口昌輝氏にお世話になった。本書のもととなった「ダイヤモンド・オンライン」の連載と『週刊ダイヤモンド』「『超』整理日記」に関しては、田口氏と週刊ダイヤモンド編集部の新井美江子氏にお世話になった。御礼申し上げたい。

2019年10月

野口 悠紀雄

目次

## 第2章　新しい二重構造が発生している

### 3つのステップで日本企業の業績動向を理解しよう



70

## 第3章　なぜ賃金が上がらないのか？

### 3つのステップで賃金が上がらないメカニズムを理解しよう

## ウェブに用意した「サポートページ」を活用して「能動的に」読もう

### 3つのステップで日本経済を理解しよう

経済問題については、与えられた情報を受動的に受け入れるだけでなく、自分から進んで能動的に考え、そしてデータを調べることが必要です。

それによって経済に対する興味がつぎつぎに湧くでしょうし、理解が深まるでしょう。

そのためにつぎのステップを踏みます。

1 疑問を持とう
2 仮説を立てよう
3 データで確かめてみよう

各章最初の見開きの右ページでは、各章ごとに「3つのステップ」を具体的な形で示し、問題意識と、その解明方法を明らかにします。

## 1 疑問を持とう

新聞などの報道を見ていると、「なぜこうしたことになるのだろう?」と疑問を持つことがあります。

こうした疑問を持つのは、あなたの仕事が関連しているからかもしれませんし、あるいは純粋に好奇心からかもしれません。

いずれにせよ、疑問を持つのは大変重要なことです。それは、すべての知的活動の出発点です。

## 2 仮説を立てよう

仮説は疑問を説明しようとするものです。

「通常言われている説明は正しいのか? そうではなく、こちらの説明のほうが正しいのではないか?」などと考えます。

仮説は、誰かが言っていることでもよいし、自分の考えでもかまいません。

## 3 データで確かめてみよう

仮説から導かれた結果がデータと合致していれば、仮説は支持された（正確には、否定されなかった）ことになります。

その場合には、この仮説（理解）を用いて将来を予測することができるでしょう。また、1つの論考を書くこともできます。

こうした分析を進めれば、さらに新しい疑問が生じるでしょう。こうして、考えがつぎつぎに広がっていきます。

仮説から導かれる結果がデータと食い違っていれば、仮説は正しくないことになります。そこで、別の新しい仮説を立てます。

かつて、統計が印刷物によって提供されていた時代には、個人がこの第3段階の作業を行なうのは、大変なことでした。いまは、信じられないほど簡単になりました。インターネットに大量のデータが提供されているからです。

ただし、必要なデータがどの統計サイトにあるかを知る必要がありますし、その扱い方を知る必要があります。

本書は、これについてのガイドを行なっています。

見開きの左ページには、その章の代表的な図表を「ポイント図表」として掲げてあります。

そして、どこに注目すべきかを解説しています。

本書の特徴は、「サポートページ」をウェブに用意したことです。QRコードにスマートフォンをかざすと、サイトを開くことができます。

ここにある「ダウンロード」と表示してある緑のボタンを押してください。すると、統計サイトから時系列データなどを取り出したエクセルファイルが開きます。

このファイルをダウンロードすれば、グラフを書いたり、比率や成長率を計算することなどが、簡単にできます。

サポートページでは、これ以外に、さまざまな補足説明を行なっています。

このようにして、印刷物の書籍とインターネットの新しい連携体制を作り上げたいと考えています。

# QRコードでサポートページを開く方法

## 1 スマートフォンで開く方法

スマートフォンの「カメラ」を起動し、下のQRコードにかざせば、サポートページが開きます（QRコード読み取りアプリをインストールしていなくても、自動的にこの操作ができます）。

## 2 PCで開く方法

エクセルファイルなどの作業をする際には、サポートページをPC（パソコン）で開きたい場合が多いでしょう。そのときは、つぎのようにします。

### 2－1 スマートフォンがiPhoneである場合

①右の方法でサポートページを開きます。
②共有ボタンを押して開く画面で、つぎの操作をします。
・iCloud の接続がある場合には、「メモに追加」を選択します。
・iCloud の接続がない場合には、「メール」を選択し、URLが本文に入っていることを確認して、自分宛にメールを送ります。
③PCでiCloudからメモを開くか、またはメール受信画面を開き、URLをクリックしてサイトを開きます。

2-2 スマートフォンがアンドロイド端末である場合

①右の方法でサポートページを開きます。
②つぎの操作をします。
・Googleドライブをインストールしてある場合は、「ドライブに保存」を選択します。
・Googleドライブをインストールしていない場合には、「メール」を選択し、URLが本文に入っていることを確認して、自分宛にメールを送ります。
③PCでGoogleドライブからサイトを開くか、またはメール受信画面を開き、URLをクリックしてサイトを開きます。
(なお、端末によって操作方法には差がある場合があります)

# 第1章

# 企業利益が増えたのはなぜか？

## 3つのステップで企業利益の動向を理解しよう

### 1 疑問を持とう　企業利益はなぜ増加したのか？

2013年以降、日本企業の利益は著しく増加し、株価も上昇しました。これをもって「アベノミクスは成功した」とする見方があります。ところが、「景気がよくなった」という声より、「状況が厳しくなった」という声のほうが多いのです。なぜこうなるのでしょうか？

### 2 仮説を立てよう　円安で輸出が増加したためか？

通常いわれるのは、「円安で景気が拡大した」ということです。この考えでは、円安になると日本の輸出品は海外で安くなるため増加し、日本の輸出産業の利益が増加します。ドルベースでの売り上げが増加しなくても、円安になれば円で評価した売り上げは増加します。

### 3 データで確かめてみよう　輸出拡大は確認できない

もしこの仮説が正しいなら、輸出が顕著に増加しているはずです。また、輸出の増加を反映して、企業の売上高が増加しているはずです。さらに、製造業の売上高や利益の増加は、非製造業のそれを上回っているはずです。こうしたことは、データで確かめられるでしょうか？

ポイント図表

### 図表 1-1 名目輸出と名目輸入の推移

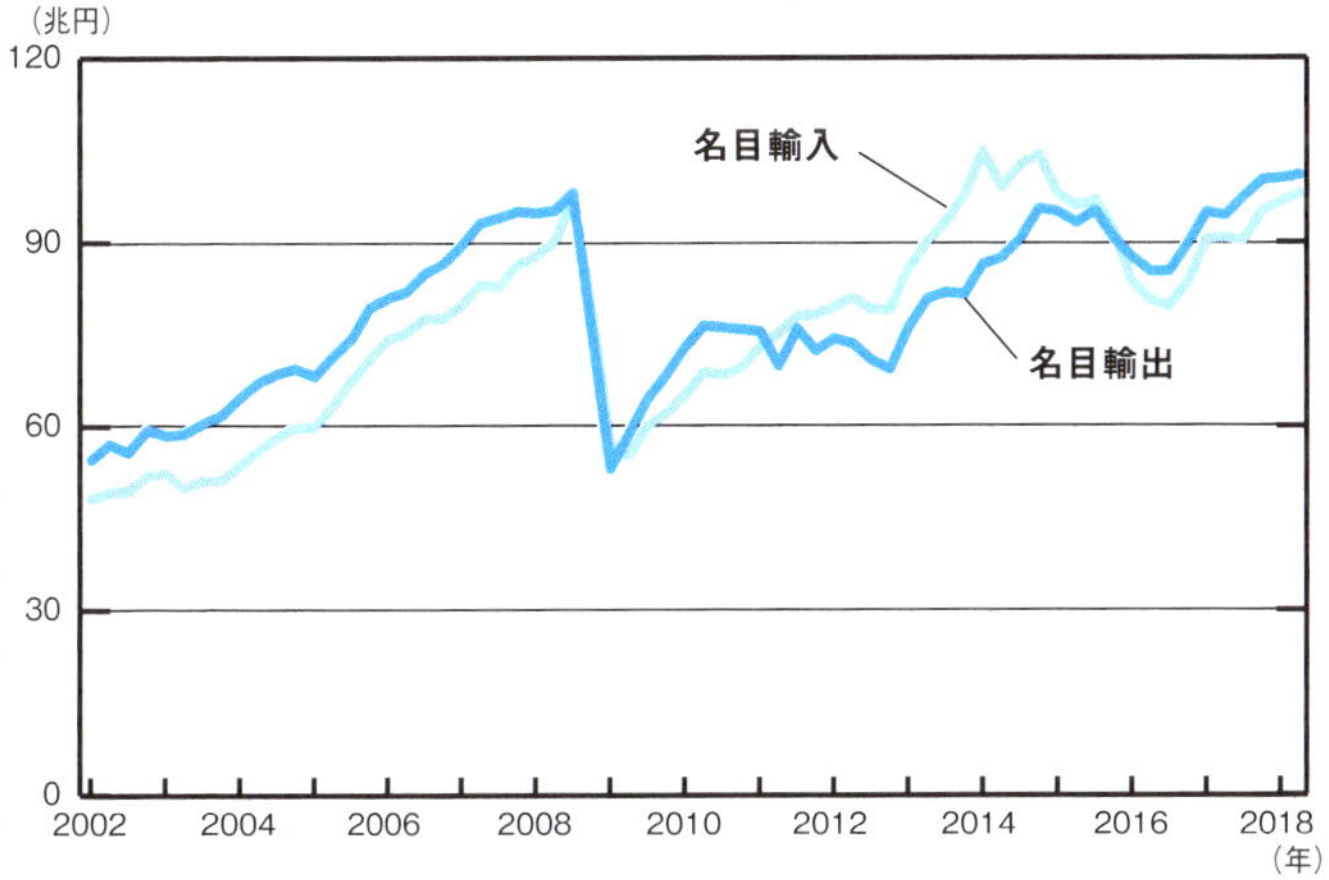


（資料）国民経済計算（GDP統計）

２００８年までの景気拡大期には、輸出が顕著に伸びて経済が量的に拡大しました。これは、外需主導の経済成長でした。

しかし、13年以降の景気拡大期では、輸出は拡大していません。16年頃には減少しています。つまり、経済は量的に拡大したわけではありません。このことは、売上高や鉱工業生産指数のグラフを見ても確かめられます。

それにもかかわらず企業利益が大幅な伸びを示したのは、１つは原油価格が下落したこと、いま１つは人件費を圧縮したことによります。

**グラフを自分で描いてみよう**

図表1-1のデータと、それをグラフに描く方法の説明が、サポートページにあります。
下のQRコードをスマートフォンのカメラで認識させて、開いてください。

アベノミクスの6年間で、企業利益は顕著に増加した。一般には、その原因は、円安や輸出増による売り上げ増だと言われる。しかし、それより大きかったのは、人件費の圧縮だ。

# 1

# 製造業の利益増加は輸出拡大によるものではない

## 円安や輸出が経済成長を牽引したわけではない

2012年末から始まった景気拡大は、前々回の景気拡大「いざなみ景気」(02年2月～08年2月)に匹敵する長さになった(あるいは、それより長くなった)。

この間に、企業利益は著しく増加した。なぜこのように増加したのだろうか?

いざなみ景気は、輸出主導型経済成長と言われた。今回の景気回復でも、円安や輸出が経済成長を牽引したと言われることが多い。

確かに、金融緩和や円安があった点では似ている。

しかし、データを見ると、前々回と今回の間には大きな差がある。

前々回では、輸出の伸びが製造業の売上高を増加させ、経済は量的に拡大した。

ところが、今回の景気拡大期では、輸出が製造業の売り上げや鉱工業生産を伸ばした効果は認められない。

貿易収支が黒字になり、それが成長促進要因になったことは前々回と同じだが、それは、輸出が増加したというよりは、原油価格の低下によって輸入が減少したことによる面が大きかったのだ。

## 「いざなみ景気」では輸出の増加が経済成長を牽引した

本章のポイント図表として示す図表１－１に見るように、いざなみ景気の景気拡大期には、GDP（国内総生産）統計の名目純輸出（輸出マイナス輸入）は、２００８年７～９月期まで（つまり、リーマンショックの直前まで）継続的に黒字を続けた。それがGDP増加の主たる要因になった。輸出を見ると、08年7～9月期まで（08年1～3月期に若干減少したことを除けば）増加を続けた。

このときには、自動車を中心に対米輸出が増えた。また、製造業の国内回帰もあり、シャープの亀山工場などの大規模な工場の建設が行なわれた。

このように、リーマンショックまでの経済成長は、確かに輸出がリードする外需主導型経済

## 図表 1-1 名目輸出と名目輸入の推移

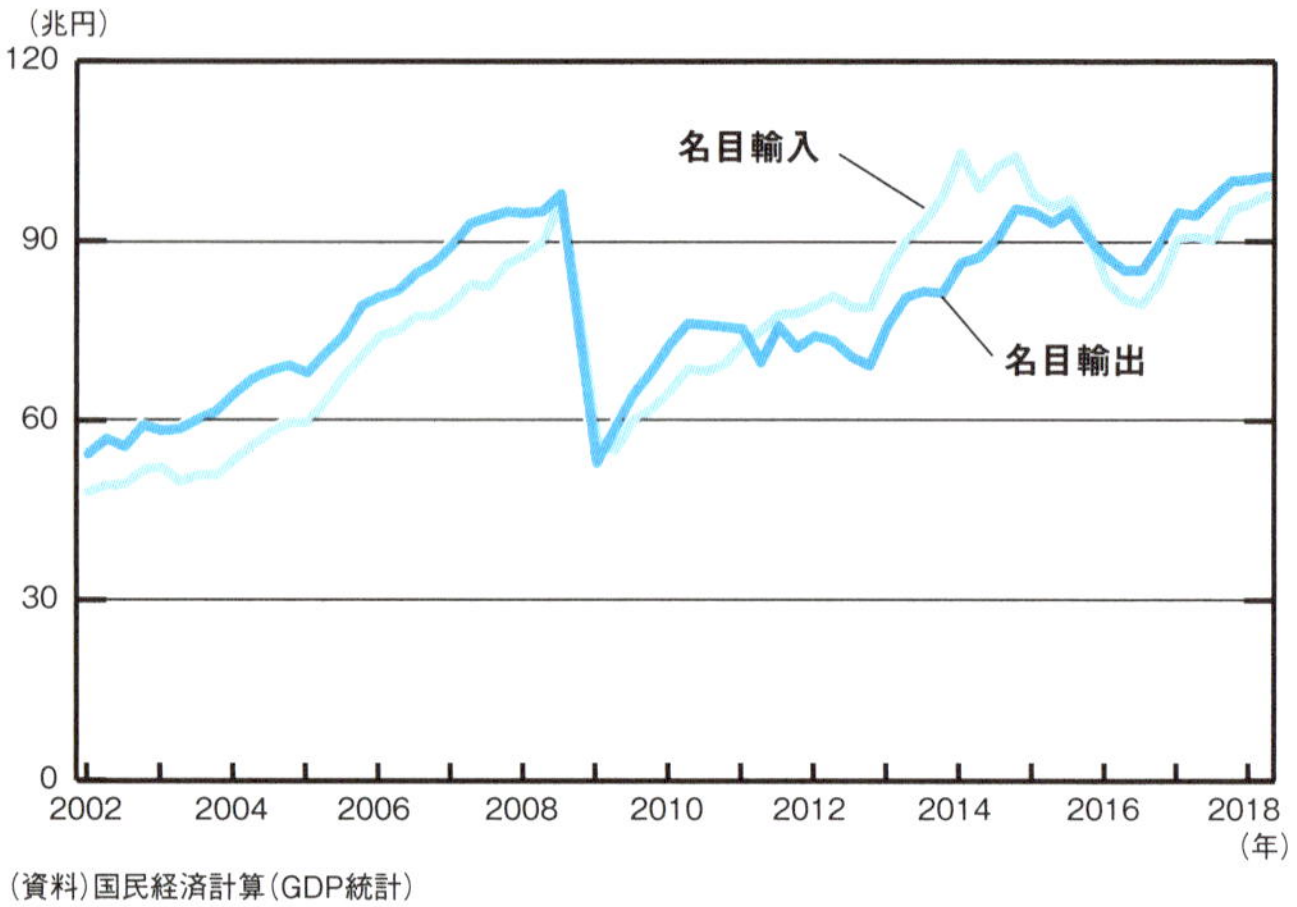


（資料）国民経済計算（GDP統計）

成長だったのだ。

それに対して、今回の景気拡大期で純輸出が黒字になったのは、16年以降のことだ。

また、輸出増加は13年1～3月期から始まったが、規模はいざなみ景気時のような大きなものではなかった。そして、15年1～3月期からは、輸出の伸びが止まった。

この期間も純輸出が増加を続けたのは、輸入が減ったからだ。これは、原油価格が下落したからだ。原油価格は、14年夏から16年夏まで下落し、その後、17年夏まで低位にとどまった。

つまり、いざなみ景気時には輸出の増加による経済の量的拡大が顕著に生じたのに対して、今回は、輸出拡大の効果はそれほど顕著ではなかったのだ。

**図表1-2 製造業の売上高と売上原価（四半期、2000年代）**

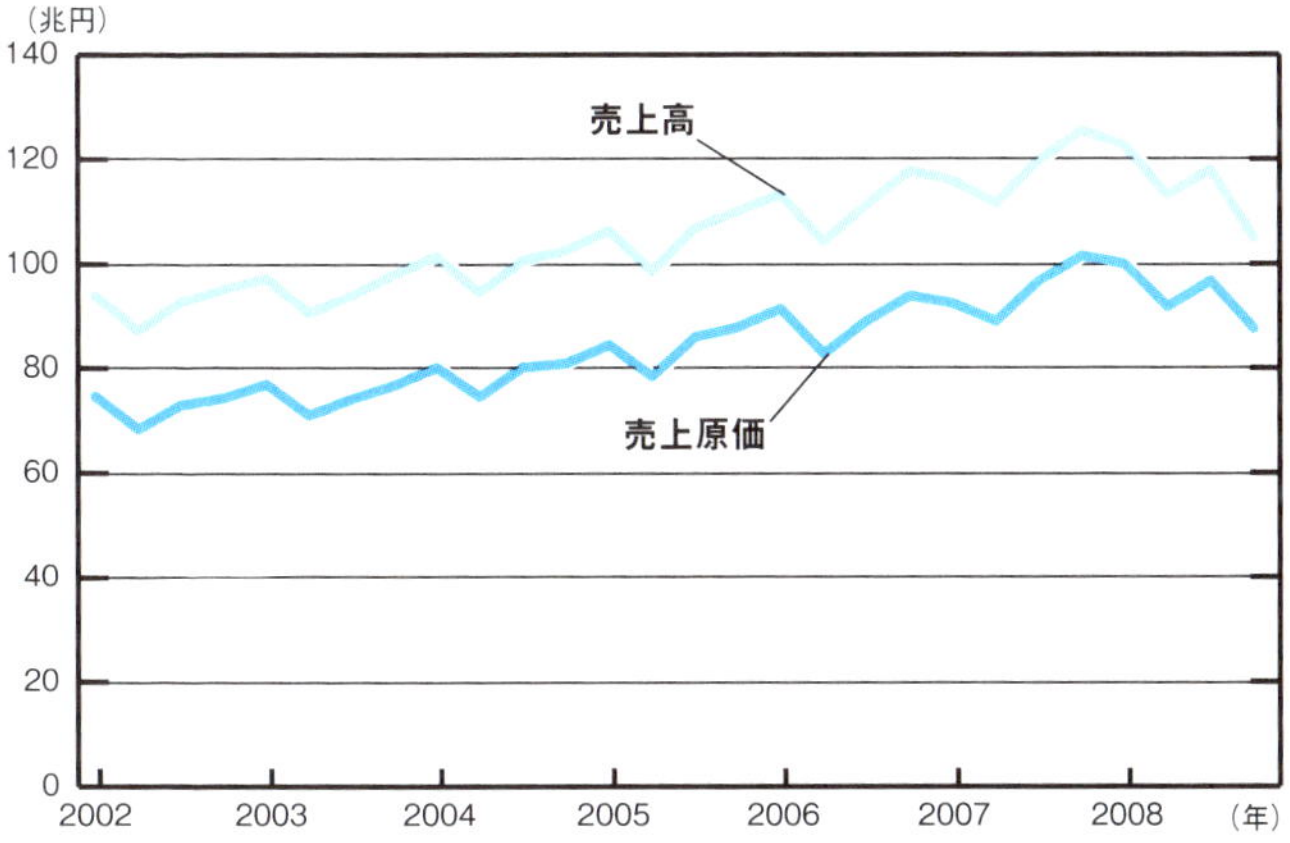


（資料）法人企業統計調査

## 製造業の売り上げは伸びなかった

以上で述べたことは、法人企業統計調査によっても確かめられる。

まず、製造業の売上高と売上原価の推移を見よう。

図表１−２に示すように、いざなみ景気時には、製造業の売り上げが顕著に伸びた。６年間で２桁の伸びだ。これは、円安と世界景気拡大で、輸出が伸びたことの影響だ。

それに対して、今回の景気拡大期では、図表１−３に示すように、売上高は、ごく最近になるまで増加しておらず、ならせばほぼ一定だ。

他方で、売上原価は、２０１５年頃に低下している。これは原油価格の下落によるものだ。

つまり、今回の景気拡大期では、13年１〜３月期から輸出は増加しているものの、それが製

**図表1-3　製造業の売上高と売上原価（四半期、2010年代）**

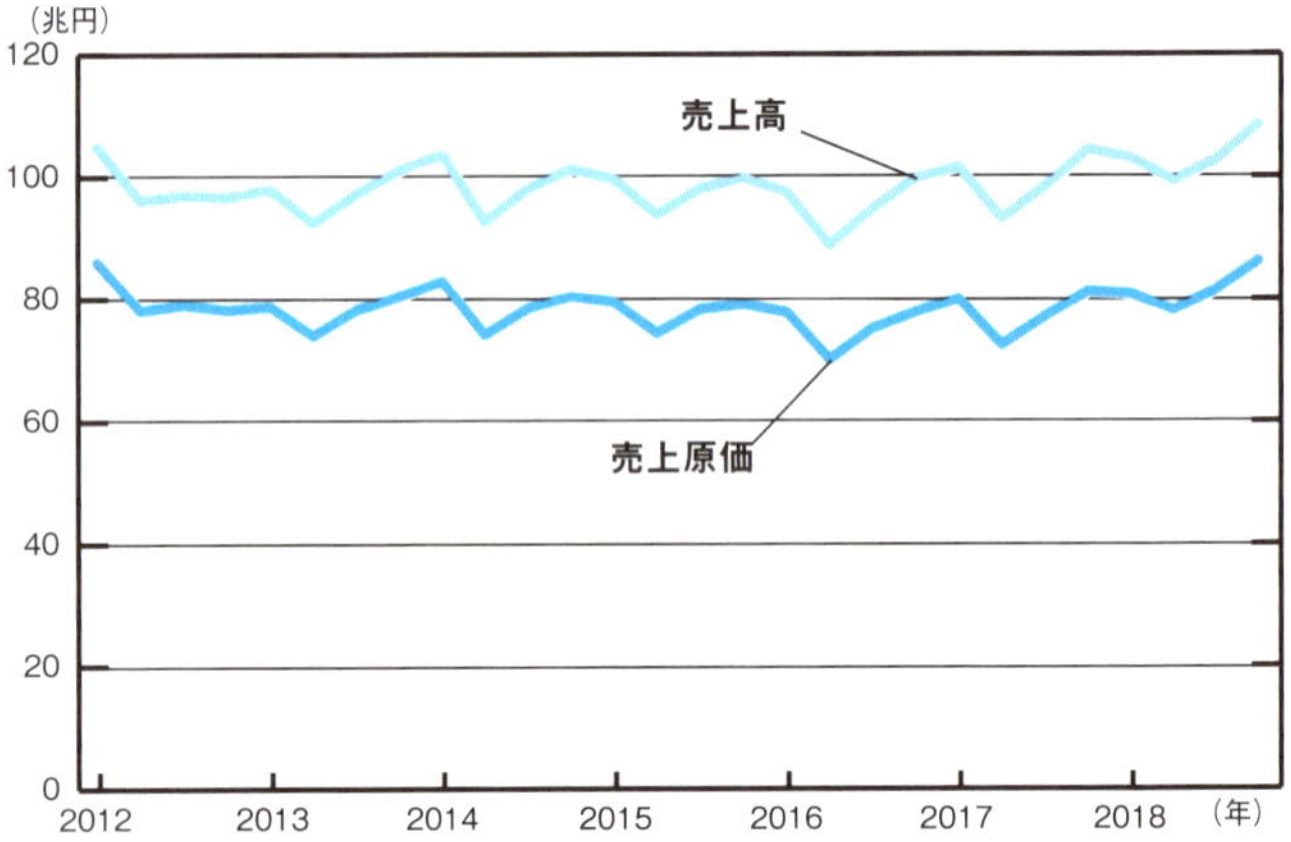


（資料）法人企業統計調査

造業の売上高に影響を及ぼすにはいたっていないのだ。

以上で見たのは、製造業の全企業についてのデータだが、製造業の中でも、輸出に直接関連しているのは大企業だと考えられる。そこで、輸出が売上高に影響しなかったことを確かめるために、資本金10億円以上の大企業について売上高と売上原価の推移を見る。

このカテゴリーで見ても、売上高は顕著な増加を示していない。16年頃まではむしろ減少気味だ。増加に転じたのは、17年以降のことだ。12年1～3月期の61・6兆円と18年1～3月期の60・2兆円を比べると、2・3％ほど減少している。

製造業と非製造業との比較で見ても、輸出が売上高に影響していないことが確かめられる。

仮に輸出が顕著に伸び、それが売上高に影響し

## 図表1-4 製造業と非製造業の比較

| | | 売上高 | 売上原価 | 営業利益 |
|---|---|---|---|---|
| 全産業 | 2000年代 | 1.18 | 1.19 | 1.39 |
| | 2010年代 | 1.04 | 1.03 | 1.51 |
| 製造業 | 2000年代 | 1.31 | 1.34 | 1.88 |
| | 2010年代 | 0.98 | 0.94 | 2.00 |
| 非製造業 | 2000年代 | 1.13 | 1.13 | 1.20 |
| | 2010年代 | 1.07 | 1.08 | 1.36 |

（注）「2000年代」は、2002年1〜3月から2008年1〜3月の期間の比率
「2010年代」は、2012年1〜3月から2018年1〜3月の期間の比率
（資料）法人企業統計調査

たのであれば、製造業の売り上げ増加率のほうが、非製造業のそれより高くなるはずである。

図表1－4に示すように、00年代では、確かにそうだった。6年間の製造業の売り上げの増加率は30・7％であり、これは、非製造業の増加率12・6％を上回った。

ところが、今回の景気拡大期では、非製造業の売り上げの増加率が6・9％だったのに対して、製造業の増加率はマイナス1・9％となっている。

### 鉱工業生産指数も伸びていない

今回の景気拡大期で、製造業の量的拡大がなかったことは、図表1－5の鉱工業生産指数の推移を見ても確かめられる。

いざなみ景気時には、鉱工業生産指数が顕著に増加した。しかし、今回はほとんど増加しなかっ

図表 1-5 鉱工業生産指数の推移

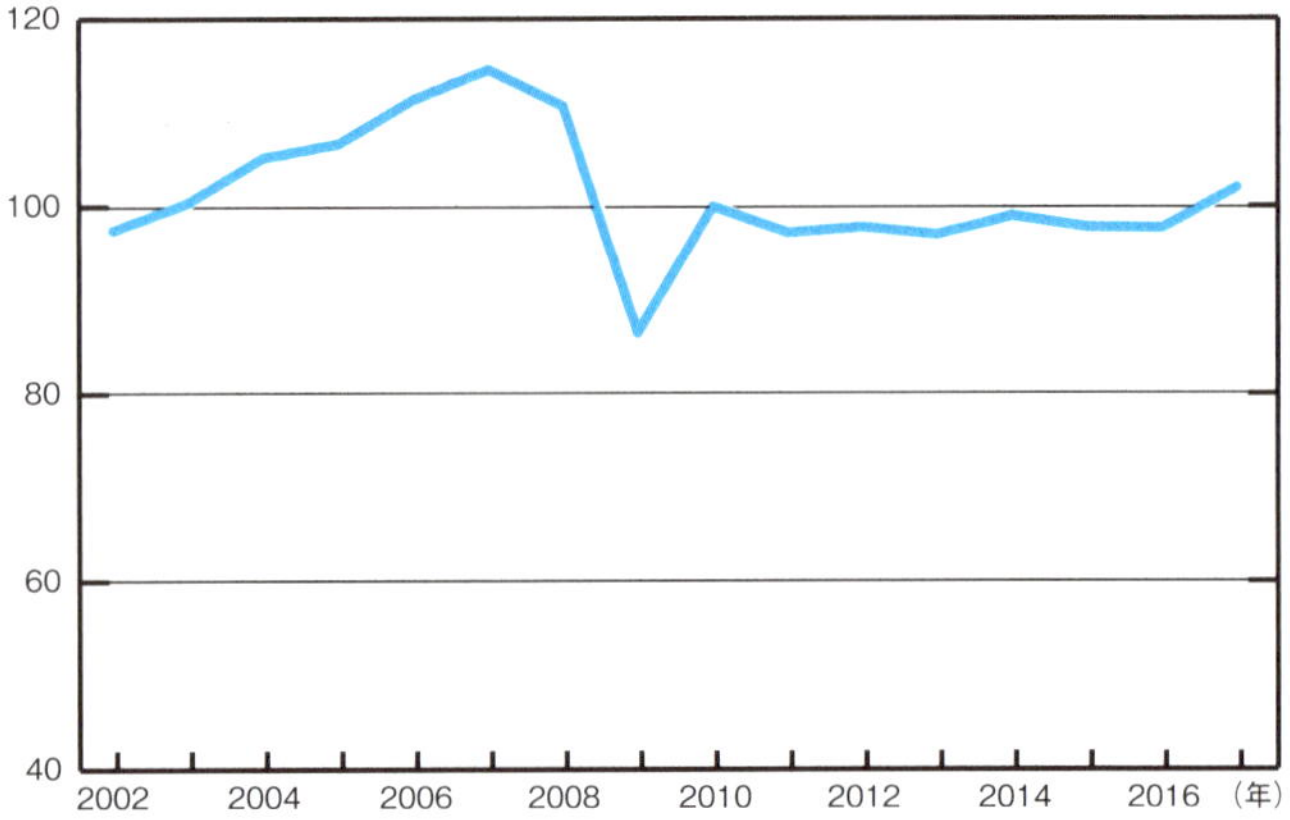


(資料)鉱工業指数

たのだ。

詳しく見ると、つぎのとおりだ。

いざなみ景気時の鉱工業生産指数は、2002年の97・5から07年の114・6まで、17・5%増加した。

それに対して、今回は、12年の97・8から16年の97・7まで、ほとんど一定、ないしは若干の低下だった。17年には102になったが、それでも、12年から4・3%増加したにすぎない。

つまり、いざなみ景気は、生産の増加という量的拡大を伴うものであったのに対して、今回の景気回復では、量的拡大がなかったのだ。

## 製造業はゼロ成長になったのに、利益が増大した

製造業の就業者数を見ると、2000年代は

**図表1-6 製造業企業の営業利益の推移（四半期）**

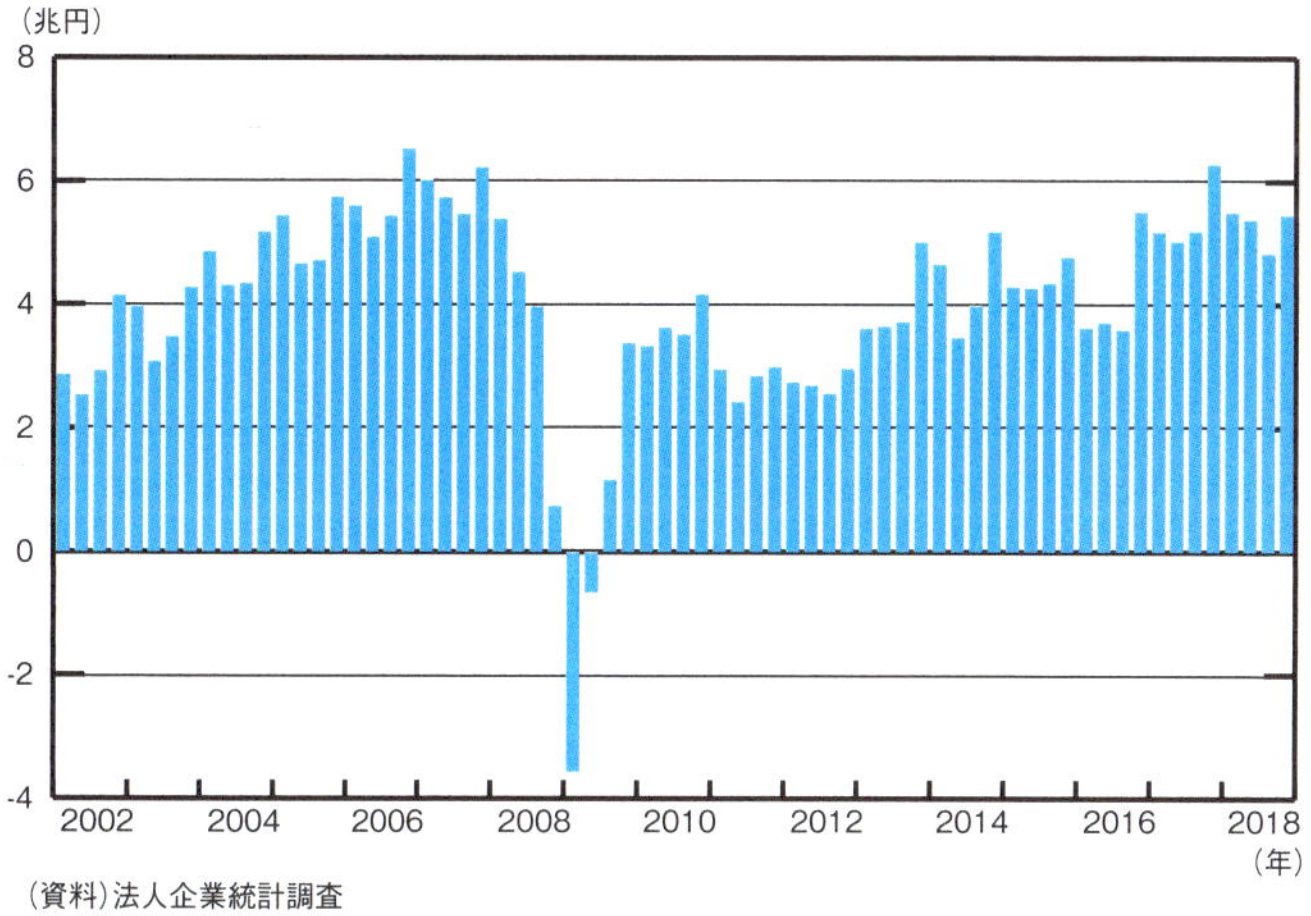


（資料）法人企業統計調査

05年頃まで減少したものの、その後、07年までは増加した。それに対して、10年代にはほぼ不変だ。

このように、日本の製造業はもはや成長しない産業になっている。

なお、鉱工業生産指数、売上高、就業者数のどれを見ても、現在の水準は07年頃に比べて1割程度低くなっている。売り上げが年間400兆円程度、利益がその5％程度の20兆円という姿だ。

それにもかかわらず、図表1-6に示すように、13年1～3月期から18年1～3月期の期間の営業利益の伸びは目覚ましく、対前年伸び率の平均は16・3％となったのだ。

12年1～3月期と18年1～3月期を比べれば、売り上げは3・4％しか増加しなかったのに、利益はほぼ2倍になっている。

以上から得られる結論は、つぎのとおりだ。

いざなみ景気と呼ばれる前々回の景気拡大期では、輸出の増加が製造業の売り上げを増加させた。これによって、経済の量的拡大効果が生じた。

それに対して、今回の景気拡大期では、輸出の増加が製造業の売り上げを増加させた効果は認められない。

## 2 原油価格下落が製造業の利益を増やした

### 製造業の利益増は人件費と原価の抑制

では、製造業の「ゼロ成長下の利益増」は、なぜ実現したのだろうか？
その原因は、総原価の動向である。(注1)
第1に、人件費がある。安倍政権が始まった2012年10～12月期から18年10～12月期の変化を見ると、営業利益の増加率（18年10〜12月期と12年10〜12月期の比率。以下同じ）は、製造業で1・84だった。売り上げ増加率は、製造業で1・12だった。

ところが、人件費増加率は、製造業では1・04と抑えられたのだ。

第2は、人件費以外の原価総額だ。増加率は、製造業では1・11だった。

このように製造業で人件費以外の原価の増加を抑えられたのは、原油価格低下の影響だ。

（注1）ここでは、「売上原価」と「販売費および管理費」の和を「総原価」と呼んでいる。

## 原油価格下落の影響が大きい

2013年には円安で利益が増えたが、16年には円高になったので、この影響だけを考えれば、企業の利益は減っただろう。そして、13年頃の利益増を相殺していただろう。

実際、12年、13年頃から18年までの売上高はほとんど増加していないのだから、この間の利益もほとんど増加しなかったはずである。

利益が増加した理由は、売上原価が減少したからだ。これは原油価格下落の影響だ。

13年1〜3月期と16年1〜3月期を比べると、原油価格下落の影響がよく分かる。

製造業の売上高は、この間に5597億円減少した。それにもかかわらず、営業利益は87億円増加したのである。

これは、売上原価が、同期間に1兆1133億円減少したことの影響が大きい。年ベースで言えば4兆円を超える規模だ。これは、原油価格下落によってもたらされたものである。

貿易統計によると、原油および粗油の輸入額は、13年の14・2兆円から16年の5・5兆円まで8・7兆円減少した。鉱物性燃料全体では、13年の27・4兆円から16年の12・1兆円まで15・4兆円減少した。

このかなりの部分が、製造業の原価減少になったわけだ。

## 消費者物価が下落し、実質賃金上昇率がプラスになった

では、原油価格の下落の恩恵は、他のセクターに及んだだろうか？

非製造業の原価が下がっていないことを考えると、非製造業に及んだとは考えられない。

家計はどうか？

図表1－7には、消費者物価（生鮮食品を除く総合の対前年同月比。ただし、消費税増税の影響を除く）が示してある。

消費者物価指数の伸び率はこの期間に低下した。2015年から伸び率が顕著に低下し、16年には対前年上昇率がマイナスになった。

**図表 1-7 消費者物価と輸入物価の対前年伸び率の推移**

（注1）「輸入物価」は、6カ月前の輸入物価指数（円ベース）の対前年同月比を10分の1にした値
（注2）「消費者物価」は、生鮮食品を除く総合の対前年同月比。ただし、消費税増税の影響を除く
（資料）総務省、日本銀行

図表１－８には、実質賃金（現金給与総額、事業所規模）の対前年伸び率の推移が示してある。

13年以降、低下を続け、15年前半までは、ほとんどの月で対前年比がマイナスだった。これは、円安によって輸入価格が上昇し、それによって消費者物価が上昇したことが大きな原因だ。

14年４月に行なわれた消費税増税の影響もあるが、それだけが原因でないことに注意が必要だ。事実、13年には、消費税増税の前であるにもかかわらず、実質賃金の対前年比が顕著にマイナスになっている。

ところが、15年４月以降、実質賃金の対前年比はプラスに転じた。そして、15年６月と12月を除けば、17年１月までプラスの伸びを続けた。

16年には、すべての月で対前年比がプラスに

## 図表1-8 実質賃金の対前年伸び率の推移

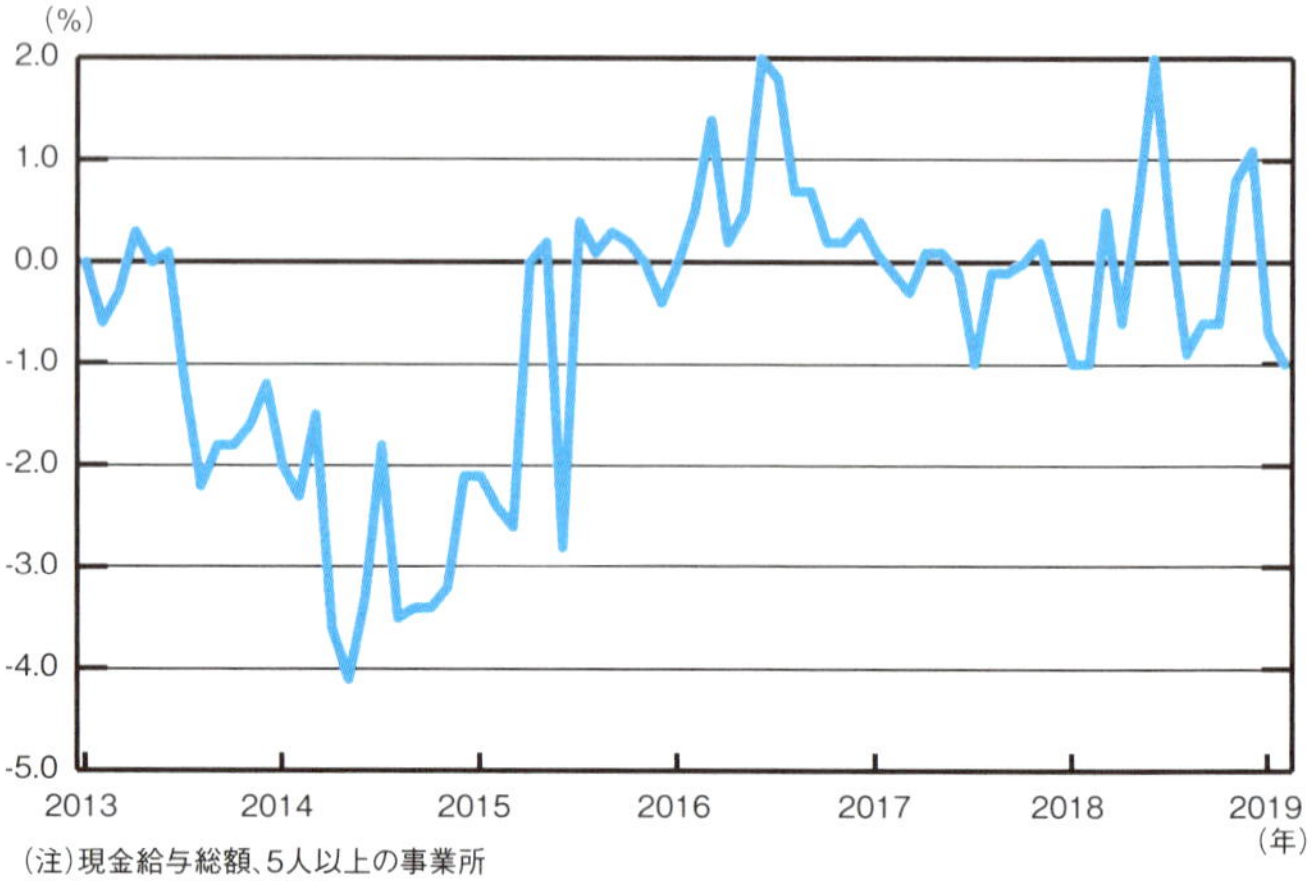


(注)現金給与総額、5人以上の事業所
(資料)毎月勤労統計調査

なった。

年次別に見ると、16年の実質賃金は前年比0・8%増となり、5年ぶりのプラスとなった。

こうしたことになったのは、すでに見たように、消費者物価の上昇率がマイナスになったからだ。

ここで注意すべきことが2つある。

第1に、実質賃金上昇は、アベノミクスの成果ではない。安倍政権は名目賃金を引き上げるために春闘に介入するなどしたが、名目賃金の上昇率が高まったことで実質賃金の伸び率が高くなったのではない。こうなった原因は、アベノミクスの政策目的に反して、物価が下落したことだ。

第2に、物価の下落幅が十分だったかどうかに注意する必要がある。これについて、以下に検討しよう。

## 物価は十分に下がらず、原油価格下落の恩恵は企業にとどまった

図表１－７には、消費者物価のほか、６カ月前の輸入物価指数（円ベース）の対前年同月比を10分の１にした値も示してある。

これらは、ほぼ同じ動きになっている。

つまり、「輸入物価指数の変動が、約６カ月間のタイムラグを伴って、消費者物価指数の変動に10分の１程度の影響を与えている」という経験則が成り立っているのである。

ところが、２０１５年から16年頃には、この傾向からの大幅な乖離《かいり》が生じている。

それまでの時点の経験則からすると、16年12月には、消費者物価は２・２％下落してしかるべきだった。しかし、実際には０・２％の下落にとどまった。

同じような状態が、17年４月頃まで続いた。

仮に消費者物価の下落率が０・２％でなく２・２％だったとすれば、実質家計消費の伸び率は、現実値より２％ポイント程度高くなっていただろう。これは、日本経済にかなりの影響を与えたはずである。

16年頃に２％程度の物価下落があってしかるべきだったことは、つぎの計算からも確かめら

れる。

貿易統計による日本の年間輸入額はほぼ80兆円であり、年間家計消費はほぼ300兆円だ。

ここで、輸入額が減ると、消費者物価の下落を通じて、輸入減少額の4割に相当する額だけ実質消費が増えるとしよう。すると、輸入額の10％の減少、すなわち8兆円の減少は、消費を3・2兆円増やす。これは、消費総額300兆円の1・1％に当たる。

右に述べた経験則の背後には、このようなメカニズムがあると考えてよい。

ところで、原油および粗油の輸入額は、12年の12・2兆円から16年の5・5兆円まで、6・7兆円減少した。鉱物性燃料全体では、12年の24・1兆円から16年の12・1兆円まで、12・0兆円減少した。

仮に、経験則の背後のメカニズムのとおり、鉱物性燃料の輸入額減少分12兆円の4割が家計に還元されたとしよう。すると、家計は4・8兆円程度の利益を得たはずである。また、それによって、年間300兆円の消費は304・8兆円になったはずである。つまり、1・6％増加したはずだ。

これは、消費者物価が1・6％低下することによって実現したはずである。

実際の消費者物価の下落率がこれより遥かに小さかったのは、輸入物価の下落が、企業利益を増大させるだけで止まってしまい、消費者物価を十分に下落させなかったからである。

このため、経済全体で見れば、原油価格の下落は、企業利益を増やし、内部留保を増やしただけの結果に終わった。

15年から16年頃に原油価格が下落したとき、本来なら消費者物価が大幅に低下して実質賃金が上昇すべきだった。それによって、消費主導型経済成長のきっかけをつかめるはずだった。しかし、物価下落が不十分だったため、日本経済は新しい成長パタンに転換するチャンスを逃したのだ。

## 円安と原油価格持ち直しで実質賃金伸び率が再び低下

以上で見た状況には、２０１６年秋以降、変化が生じた。

米大統領選の影響で、16年11月から急激な円安が進んだことと、原油などの商品価格が持ち直したためだ。

この結果、輸入物価指数の下落率は、16年11月から1桁になり、17年1月には上昇に転じた。

国内企業物価指数の対前年比も、17年1月にはプラスに転じた。

そして、図表１－７に見るように、消費者物価の対前年比も、17年1月からプラスになった。

このように、原油価格下落の影響は一時的なものにとどまったのである。

ここで、12年以降の消費の動向を振り返ってみよう。

家計最終消費支出は、名目で見ても実質で見ても、長期的にほとんど増えていない。

14年の消費税増税の前に駆け込み需要で増加し、増税後に反動で減少したという変化があっただけだ。

実質賃金の伸びがプラスに転じた16年でも、目立った増加は見られない。これは、家計が原油価格下落の恩恵をほとんど受けず、しかも原油価格下落が一時的なものにとどまってしまったからだ。

その結果、18年1～3月期の実質消費は、14年1～3月期に比べて2・6％ほど少ない水準にとどまっている。

日本経済が内需主導型の継続的成長を続けるためには、実質賃金上昇と消費増加の好循環を作ることが必要だ。

原油価格の下落は、そうした方向へのきっかけを与えるものだったのだが、日本経済は、そのきっかけを活かすことができなかったのである。

## 金融政策は物価引き下げを目指すべき

2016年頃に起こったことの意味は明らかだ。それは、「物価が下がれば実質賃金が上がる」ということだ。

われわれは、この教訓を活かすべきだった。

経済政策の目標として物価引き上げを目指すのでなく、逆に引き下げを目指す。それによる実質賃金の上昇を目指すのだ。

原油価格を日本政府がコントロールするわけにはいかないから、これに継続的に頼ることはできない。しかし、競争政策を強化して物価の引き下げを目指すことならできる。

それは、単に実質賃金を増やすだけでなく、生産性上昇をももたらすだろう。

日本銀行は、16年1月にマイナス金利政策を導入した。さらに、16年9月に総括的検証を行なった。本来は、ここで物価上昇目標そのものの妥当性を見直すべきだった。しかし、目標達成時点が曖昧にされただけで、目標そのものは撤回されなかった。そして、「イールドカーブコントロール」（長期金利をも操作しようとする政策）を導入した。こうした政策は、いま日本経済に求められているものとは正反対のものだと言わざるを得ない。

なお、金融政策については、第6章と第7章でさらに検討することとする。

# 3 人件費が圧縮されたので利益が増えた

## 人件費が0・7％しか増加しなかったために利益が55％も増加した

以上では、製造業を中心に企業利益の動向を見た。以下では、全産業の状況を見よう。

企業利益が伸びた大きな要因は、人件費の伸びが抑えられたことだ。

図表1－9には、2012年から18年にかけての企業の利益などを示す(注2)。

この間に、営業利益は55％も増加した。しかし、人件費は7％しか増加しなかった（年平均上昇率では1・13％）。売上高の増加率が16％だったことと比べても、人件費の伸びは低い。

この間に消費税率が3％ポイント上昇しているから、それを差し引いた実質賃金は、4％しか上昇しなかったことになる。

このように賃金を抑えたから、利益が増えたのだ。

次項で示すように、仮に人件費が売り上げと同率で増加したなら、利益はほとんど増加しな

## 図表1-9 全企業についての利益などの推移

| | | a<br>2012年10～12月<br>（百万円） | b<br>2018年10～12月<br>（百万円） | b／a | 年平均<br>伸び率<br>（%） |
|---|---|---|---|---|---|
| A | 売上高 | 320,920,786 | 371,622,694 | 1.16 | 2.47 |
| B | 売上原価 | 248,437,843 | 287,409,108 | 1.16 | 2.46 |
| C | 販売費および一般管理費 | 61,874,575 | 67,771,107 | 1.10 | 1.53 |
| D=B+C | 原価総額 | 310,312,418 | 355,180,215 | 1.14 | 2.28 |
| E | 人件費 | 44,369,226 | 47,467,814 | 1.07 | 1.13 |
| F=D−E | 人件費以外の原価総額 | 265,943,192 | 307,712,401 | 1.16 | 2.46 |
| H | 営業利益 | 10,608,368 | 16,442,479 | 1.55 | 7.58 |

（資料）法人企業統計調査

かったろう。

有効求人倍率や失業率で見られるように人手不足が顕著になっているのだから、賃金は上昇してしかるべきだ。

それにもかかわらず、賃金が上昇しないのである。なぜ賃金が上昇しないのか？　その解明が大きな課題だ。この問題は、第２章、第３章で検討する。

（注２）営業利益＝売上高−（売上原価＋販売費）

「人件費」は、売上原価にも販売費にも含まれる。人件費は、「従業員給与」より広範囲の概念。18年10～12月期において、全産業（除く金融保険業）、全規模で、従業員数は３４４０万人、人員計は３０６８万人、従業員給与は30兆円、人件費計は47兆円である。

なお、ここでは、「売上原価＋販売費」を「原価総額」ということにする。また、１人当たり人件費を「賃金」とか「給与水準」という。

## 図表1-10 人件費と営業利益についてのシミュレーション

| 人件費年伸び率（%） | 1 | 1.5 | 2 | 2.5 | 3 |
|---|---|---|---|---|---|
| 人件費（百万円） | 47,098,827 | 48,515,231 | 49,966,955 | 51,454,699 | 52,979,176 |
| 営業利益（百万円） | 16,811,466 | 15,395,062 | 13,943,338 | 12,455,594 | 10,931,117 |
| 営業利益増加率 | 1.58 | 1.45 | 1.31 | 1.17 | 1.03 |

（注）人件費と営業利益は、2018年10〜12月期のもの。営業利益増加率は、2018年と2012年の比率。
（資料）法人企業統計調査

### 人件費が3％で増えたら、営業利益は3％しか増えなかったはず

仮に人件費の増加率がもっと高かったら、営業利益の増加率はどうなっただろうか？

図表1－10は、これに関するシミュレーションを行なったものだ。人件費以外の売上原価、販売費などは実際の値を用い、人件費についてさまざまな値を仮定した場合の営業利益を計算した。

図表1－10に示すように、仮に人件費年伸び率が売上高と同率（2・5％）だったとしたら、営業利益は6年間で17％しか増えなかったはずだ。

あるいは、人件費が年率3％で増えたとしたら、営業利益は6年間で3％しか増えなかったはずだ。

このように、人件費の圧迫が利益を増やしたのだ。

# 4 労働分配率が低下した

## 株価が27年ぶりに高値をつけたのは労働分配率低下と引き換え

アベノミクスの期間に、株価は上昇し、27年ぶりの高値を記録した。

これは、日本企業の生産性が向上し、新しい事業やビジネスモデルが開発されたことの結果ではない。なぜなら、これまで見てきたように、利益増は、人件費の圧縮でもたらされたからだ。

この結果、労働分配率は43年ぶりの低水準に落ち込んだ。

株高は、生産性が高まったからでも、経済が量的に拡大したからでもなく、単に分配の変化によってもたらされたのだ。

次項で述べるように、このメカニズムは円安によって引き起こされる。

これは、分配上の観点から問題であるばかりでなく、「外的な条件が変わると簡単に崩れてしまう」という点でも問題だ。

実際、いまの状況は２００６年頃と似ているが、そのときには、08年のリーマンショックによって、企業利益増と株高のプロセスが崩壊した。

## 労働分配率は43年ぶりの低水準となった

法人企業統計調査によれば、「労働分配率」（付加価値のうち、従業員の人件費に充てた割合）の下落が続いた。（注３）

２０１７年度は66・２％で、43年ぶりの低さとなった。

なお、労働分配率は一貫して下がっているわけではない。

00年以降の推移を見ると、株価と労働分配率、そして為替レートが密接に連動していることが分かる。

06年、07年頃には、円安が進行し、労働分配率が低下して、株価は上昇した。

ところが、アメリカ金融危機、とくにリーマンショック以降、円高になり、株価は急落。このとき、労働分配率は上昇した。

12年夏以降、為替レートは円安に転じた。そして、株価は上昇した。

労働分配率は10年頃から低下していたが、その傾向が続いている。

現在の日本では、株価は上昇するが、賃金が伸びないので消費が伸びない。このため、ＧＤ

P（国内総生産）も顕著には伸びないのだ。日本経済が停滞から脱し得ない基本的な理由は、ここにある。

（注3）「労働分配率」は、付加価値のうち、従業員の人件費（給与、賞与、福利厚生）に充てた割合を示す。なお、付加価値＝人件費＋支払利息等＋動産・不動産賃借料＋租税公課＋営業純益。ここでは、分配率として法人企業統計調査の数字を用いているが、国民経済計算でも同じ傾向が見られる。

# 第2章

# 新しい二重構造が発生している

# 3つのステップで日本企業の業績動向を理解しよう

## 1 疑問を持とう　日本企業の業績は、規模や業種で大きな違いがあるのではないか？

報道では、企業利益は史上最高だといいます。しかし、これは、上場企業、つまり大企業に限ったことではないでしょうか？　日常的な観察でも、大企業と零細企業の間には差がありますす。ただし、どんな指標に関してどの程度の差があるかは、必ずしも明確に把握されていません。また、こうした差は、以前からあったものなのでしょうか？　それとも最近拡大しているのでしょうか？

## 2 仮説を立てよう　大企業は好況だが、零細企業は厳しい

アベノミクスの期間、大企業の状況はよかったのですが、零細企業は厳しい事態に直面しました。史上最高の利益とは上場企業のことであり、日本経済の一般的状況ではありません。

## 3 データで確かめてみよう　企業規模別による違いは大きい

法人企業統計調査によれば、企業規模別の違いを詳細に知ることができます。また、時系列的な変化も追えます。日本に新しい二重構造が生じていることが分かります。

ポイント図表

## 図表 2-1 売上高と利益の変化

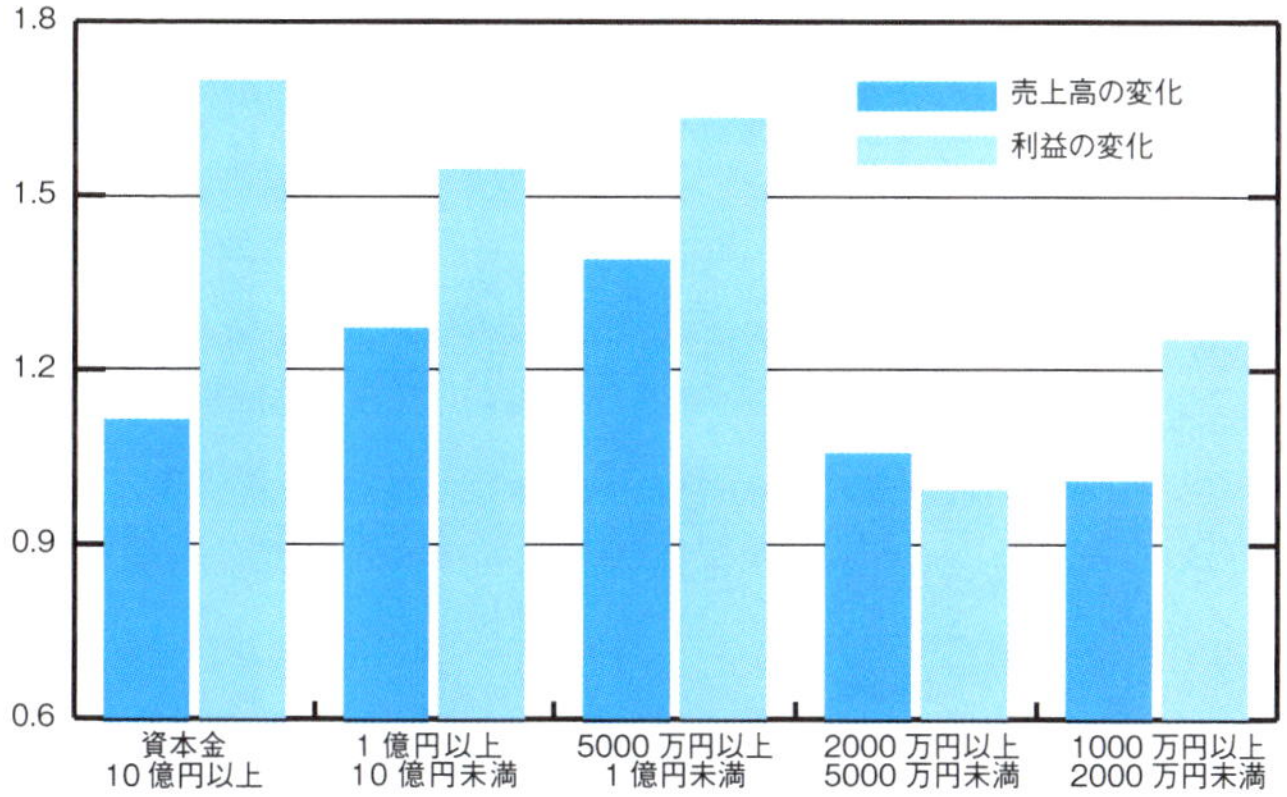


（注）数値は、2018年10～12月期と2012年10～12月期の比率
（資料）法人企業統計調査

図表２－１は、第２次安倍政権が発足した２０１２年10～12月期と18年10～12月期の間に、売上高と利益がどのように変化したかを、企業規模別に示したものです。

資本金５０００万円以上の企業では、売上高が概して順調に増加し、利益が顕著に増加しました。ところが、資本金５０００万円未満の企業では、売上高が伸び悩み、利益が資本金５０００万円以上の企業ほどは伸びませんでした。このように、資本金５０００万円を境として、状況が大きく異なります。

**グラフを自分で描いてみよう**

図表2-1のデータと、それをグラフに描く方法の説明が、サポートページにあります。
下のQRコードをスマートフォンのカメラで認識させて、開いてください。

利益や売り上げについて、企業規模別に、また業種別に、著しい格差がある。これは新しい二重構造だ。零細小売業やサービス業には低賃金の就業者がおり、しかも、企業の減量経営で人員削減の対象とされている。

# 1 企業業績は企業規模別で大きな差がある

## 零細企業では売り上げが伸びず、人件費が削減された

第1章で見たように、企業利益が伸びたのは、人件費が圧縮されたからだ。

では、なぜ人件費を圧縮することができたのか?

そのメカニズムを法人企業統計調査のデータによって見よう。

本書においては、企業規模を区別するために、つぎの2つの基準を用いる。

第1の基準は、資本金10億円以上の企業を「大企業」、資本金2000万円未満の企業を「零細企業」とする区別である。これは、法人企業統計調査における最大規模の企業と最小規模の

企業を対比しようとするものだ。

第２の基準は、資本金５０００万円以上の企業を「大中企業」、資本金５０００万円未満の企業を「小企業」とする区別である。これは、法人企業統計調査が対象とするすべての企業を、資本金５０００万円を境として２つのグループに分割するものだ。

なお、法人企業統計調査における人件費を人員数で割った１人当たり給与を、「給与水準」と呼ぶことにする。

まず注目すべきは、右の定義による零細企業の売り上げがほとんど伸びなかったことである。全産業で見て、２０１２年から18年にかけて、大企業の売上高は12・２％増加したのに対して、零細企業では１・７％しか増加しなかった。消費税増税の影響を除けば、売り上げは減少したことになる。しかも、零細企業では、人件費以外の原価総額増が３・７％と、売上高より高い伸び率となった。

零細企業は、利益確保のため、減量経営を強いられた。そのため、給与水準を引き下げ（０・７％の引き下げ）、かつ人員を削減したのだ（約７％の減）。

ここで、人員では零細企業のほうが多いにもかかわらず、営業利益は大企業のほうが多いことに注意が必要だ。18年10〜12月の数字で言えば、つぎのとおりだ。人員では、大企業が全体の19・１％、零細企業が26・９％と、零細企業のほうがウエイトが大きい。ところが、営業利

図表 2-1 売上高と利益の変化

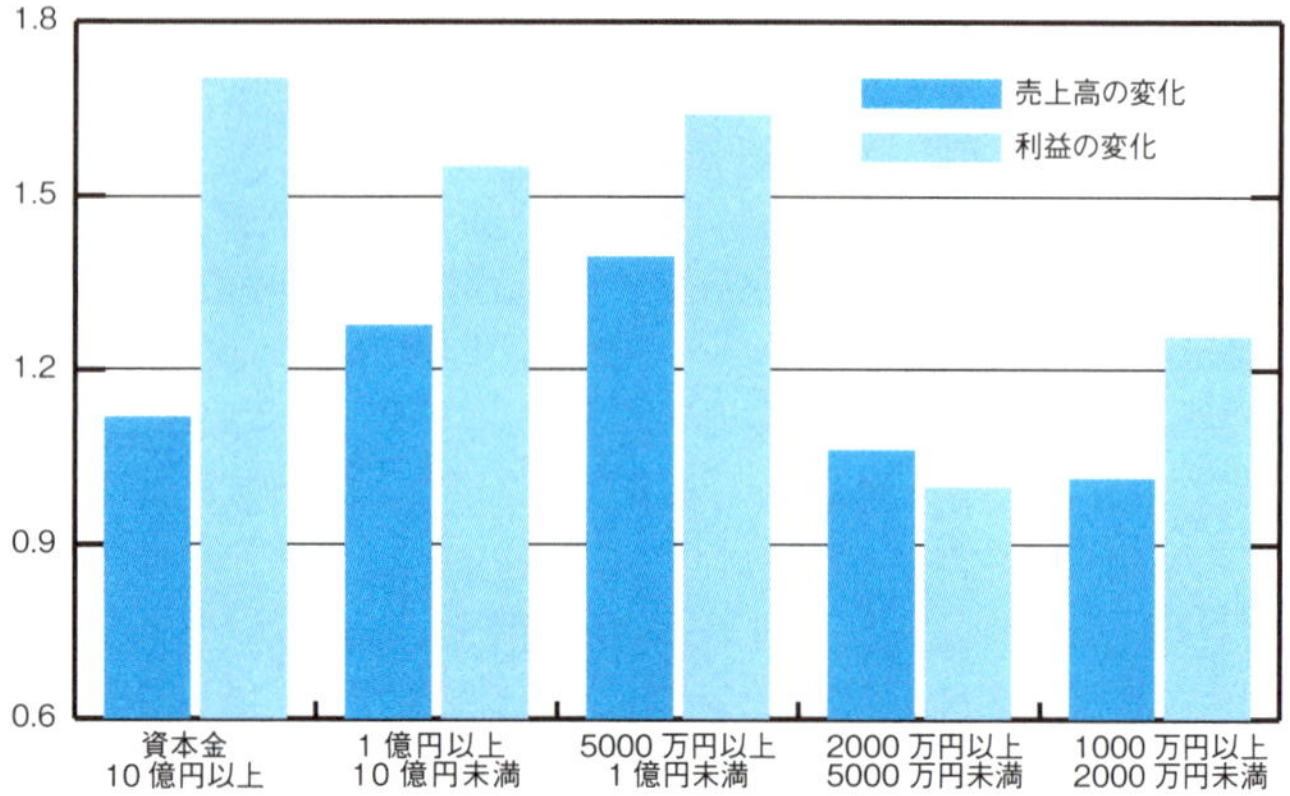


(注)数値は、2018年10〜12月期と2012年10〜12月期の比率
(資料)法人企業統計調査

益については、大企業が56・1%を占め、零細企業は8・4%でしかない。

したがって、人件費などの動向には、零細企業の動向が大きな影響を与えるのに対して、利益の動向には大企業の動向が大きく影響する。

この数年間で企業の利益が顕著に増え、株価が上がった。これがアベノミクスの成果であるとされる。企業の利益は、史上最高水準と言われることもある。

しかし、これは上場企業のことなのである。ニュースでは上場企業のこうした状況が伝えられるので、それを聞いていると、日本企業のすべてがそうした状態になったような錯覚に陥る。

しかし、右で見たように、大企業と零細企業とでは、状況は大きく異なる。

## 資本金5000万円を境にして状況が異なる

つぎに、先に述べた第2の基準により、企業を「大中企業」と「小企業」に分けて、全体の状況を見よう。

「小企業」で売り上げが停滞ないしは減少し、人員削減が進められた。

より詳細に見れば、以下のとおりだ。

図表２－１を見ると、資本金５０００万円を境にして顕著な差があることが分かる。

まず売上高の状況を見ると、「大中企業」では12年10～12月期から18年10～12月期の間に順調に増加した。

ところが、「小企業」の売り上げは、この期間に停滞ないしは減少している。

消費税率の引き上げを考えれば、売り上げは減少した。しかも、売上原価は増加している。

このため、「小企業」は極めて苦しい状況に直面したことになる。

# 2 業種別で企業業績に大きな差

## 売り上げ増加率は製造業のほうが低いが、利益増加率は高かった

１では企業規模を中心に見たが、以下では、業種別も加味して状況を詳細に見よう。

まず、製造業と非製造業について、安倍政権が始まった２０１２年10〜12月期から18年10〜12月期の変化を比較しよう。図表２-２に示すように、営業利益の増加率（18年10〜12月期と12年10〜12月期の比率。以下同じ）は、製造業で1・84であり、非製造業の1・44より高くなっている。

ところが、売り上げ増加率は、製造業で1・12、非製造業で1・17であり、非製造業のほうが高い。

このように、製造業は売り上げ増加率が低かったにもかかわらず、利益増加率は高かったのだ。

## 図表2-2 製造業と非製造業の比較

| | 売り上げ | 利益 | 人員 | 給与水準 | 人件費 | 人件費以外の総原価 |
|---|---|---|---|---|---|---|
| 全産業 | 1.16 | 1.55 | 1.03 | 1.03 | 1.07 | 1.16 |
| 製造業 | 1.12 | 1.84 | 0.99 | 1.05 | 1.04 | 1.11 |
| 非製造業 | 1.17 | 1.44 | 1.05 | 1.03 | 1.08 | 1.18 |
| 小売業 | 0.91 | 1.07 | 0.90 | 0.99 | 0.90 | 0.90 |
| 飲食サービス業 | 1.09 | 1.02 | 0.89 | 0.90 | 0.80 | 1.29 |

（注1）表中の数字は、2018年10〜12月期と2012年10〜12月期の比率
（注2）総原価＝売り上げ原価＋販売費および管理費
（資料）法人企業統計調査

円安の影響で輸出が増えたことが製造業の利益増に寄与したと思われているが、そうではないことが分かる。

では、製造業の利益増をもたらしたのは、何だったのだろうか？

それは、図表2－2に示す総原価の動向である。（注1）

第1に、人件費がある。人件費増加率は、製造業では1・04と抑えられたが、非製造業では1・08になった。

この差は何によって生じたのか？

給与水準伸び率は、製造業1・05、非製造業1・03と、あまり差がない。むしろ、非製造業のほうが抑えられている。

ところが、非製造業では、人員が増えたのだ。人員増加率は、製造業では0・99だったが、非製造業は1・05になった。

製造業では機械化などによる生産性向上の余地があったので、人員を減らしても売り上げ増に対応できたが、非

製造業（とくに介護などのサービス業）ではそうしたことができないため、人員を増加せざるを得なかったのだと考えられる。そうした制約の下で人件費を抑えるべく、非正規労働者を雇って平均給与水準を抑えて対応したのだ。

製造業と非製造業の総原価の動向におけるもう1つの違いは、人件費以外の原価総額だ。増加率は、製造業では1・11だが、非製造業では1・18となっている。

このように製造業で人件費以外でも原価の増加を抑えられたのは、原油価格低下の影響だ。非製造業で総原価を抑えられなかったのは、逆に原材料価格が上昇したからだ。円安による農産物などの価格上昇がそれをもたらした可能性が高い。

つまり、非製造業では、円安は、企業利益を増やすよりも、利益を減らす方向に効いたことになる。

（注1）ここでは、「売上原価」と「販売費および管理費」の和を「総原価」と呼んでいる。

## 製造業では、零細企業と大企業は大きく違う

図表2－2では、製造業全体としての状況を見た。ところが、これを「大企業」と「零細企業」に分けると、かなりの差がある。製造業の零細企業は、給与水準を5％も低下させている

上、従業員数を1割以上も減らしているのだ。

これは、売り上げの増加率が3・8％でしかないにもかかわらず、原価が5・9％も増えたことによると考えられる。人件費を圧縮することで、原材料費高騰の影響を緩和しようとしたのだろう。

なお、製造業の零細企業では、営業利益が130％も増えている。しかし、このことをもって「利益が好調」とは言えない。増加率が高いのは、2011年から12年頃の利益が著しく低水準だったからだ。18年10～12月期における従業員1人当たりの利益は22・6万円であり、製造業大企業の115・9万円に比べると、5分の1未満でしかない。

ところが、製造業の大企業の状況は、零細企業とはかなり異なる。ここでは、売り上げが6・9％増えたのに対して、原価の増加率は3・2％という非常に低い水準にとどまった。これは、原油価格下落の影響と考えられる。

実際、原価の推移を時系列的に見ると、15年にかなり顕著に減少している。これは、原油価格の下落と軌を一にしている。このような利益増加のメカニズムは、輸出主導だけで景気回復した04～08年頃のものとはだいぶ違う。

なお、製造業大企業の売り上げが17年から増加している。これは輸出の増加によると考えられる。

## 非製造業の零細企業の売り上げが伸びない

以上では製造業の状況を見た。つぎに、非製造業を見よう。

図表2－2で見たように、非製造業を全体として見ると、売上高は順調に伸びた。だから、今後の日本の経済を支えるのは、非製造業だと考えられるだろう。

しかし、業種別、企業規模別に見ると、非製造業の中には、大きな問題を抱えている部門がある。それは、零細企業であり、業種では小売業やサービス業だ。(注2)

ここでは、人件費の圧縮によって利益が確保されている。日本経済停滞の基本的な理由は、ここにあると考えられる。

以下では、これを詳細に見よう。

「零細企業の売り上げが伸びない」ということは、製造業でも見られるが、非製造業では極めて顕著に見られる。

すなわち、非製造業の「大企業」では売り上げが16・2％の増加なのに、「零細企業」ではわずか1・3％しか伸びていない。このため、零細非製造業では、人員を削減し（6・2％減）、給与水準も引き下げた（0・1％引き下げ）。

それに対して大企業では、人員を22・8％増と、売り上げ増加率（16・2％）より高い率で増加させた。ただし、給与水準は3・1%低下させているので、人件費計の増加率は19・1%に抑えることができた。

このように、この期間の非製造業の経営環境は、大企業にとっては望ましいものだったが、零細企業にとっては厳しいものだったのだ。

（注2）サービス業（集約）とは、宿泊業、飲食サービス業、生活関連サービス業、娯楽業、広告業、純粋持株会社、その他の学術研究、専門・技術サービス業、教育、学習支援業、医療、福祉業、職業紹介・労働者派遣業、その他のサービス業の合計。

# 3 小売業、飲食サービス業の惨状

## 小売業・飲食サービス業は人員削減

非製造業について、業種別の売り上げや人員等の変化の状況をさらに詳細に見ると、図表2−3のとおりだ。

## 図表2-3 非製造業の業種別の売り上げと人員の変化

| | 売り上げ | 人員 |
|---|---|---|
| 非製造業 | 1.17 | 1.05 |
| 鉱業、採石業、砂利採取業 | 1.08 | 1.43 |
| 建設業 | 1.18 | 1.10 |
| 電気業 | 1.36 | 0.98 |
| ガス・熱供給・水道業 | 1.09 | 1.00 |
| 情報通信業 | 1.32 | 1.22 |
| 運輸業、郵便業(集約) | 1.15 | 1.01 |
| 卸売業・小売業(集約) | 1.12 | 0.93 |
| 卸売業 | 1.24 | 0.97 |
| 小売業 | 0.91 | 0.90 |
| 不動産業、物品賃貸業(集約) | 1.21 | 1.08 |
| サービス業(集約) | 1.28 | 1.12 |
| 宿泊業 | 1.21 | 1.09 |
| 飲食サービス業 | 1.09 | 0.89 |
| 学術研究、専門・技術サービス業(集約) | 1.41 | 1.00 |
| 広告業 | 1.18 | 0.73 |
| 医療、福祉業 | 1.79 | 1.74 |

(注)表中の数字は、2018年10〜12月期と2012年10〜12月期の比率
(資料)法人企業統計調査

人員減が顕著なのは、小売業と飲食サービス業だ。(注3) 人員の変化率は、小売業では0・90、飲食サービス業では0・89であり、両業種とも人員をほぼ1割減らしている。

すでに見たように、人員は全産業でも非製造業でも増加しているのだから、この2つの業種で1割も減ったのは注目される。これらの業種が、低賃金労働の供給源になった可能性が高い。

なぜ、人員が減ったのか?

それは、どちらの場合も、減量経営せざるを得なかった

からだ。

減量経営が求められた理由は2つある。

第1の理由は、売り上げが停滞ないしは、減少したことだ。

小売業の売り上げは、全規模でも約1割減った。他の業種では売り上げが10%以上伸びている場合が多いのに対して、小売業は全体としても売り上げが減っているのだ。小売業が人員を削減せざるを得なくなったのは、このためだ。

小売業の2012年10~12月における人員計は490万人だったので、これが1割減少したことの影響は極めて大きい。なお、小売業の「零細企業」(資本金2000万円未満)では、この期間に売り上げが4割近く減少するという惨状だ。この階層だけで、人員は147万人から113万人へと34万人減少した。

飲食サービス業では、全規模で9%の売り上げ増だ。増えてはいるが、非製造業平均よりは低い。また、資本金2000万円から10億円では売り上げは増えているが、2000万円未満では6%減だ。

飲食サービス業が減量経営せざるを得なくなった第2の理由は、人件費以外の総原価の伸びが大企業以外では著しいことだ。売り上げ増加率が1・09だったのに対して、人件費以外の総原価増加率は1・29だ。

これは原材料費が高騰したことの結果だろう。円安によって輸入農産物などの価格が上昇した影響も大きかったと考えられる。

（注3）減少率で見ると広告業も高いのだが、人員数自体はあまり多くない。18年10～12月期の人員数は、小売業442万7508人、飲食サービス業131万1335人に対して、広告業は47万6057人だ。

## 零細小売業の売上高減は「破滅的」

前項で見た状況を、規模別に見よう。

資本金5000万円未満を見ると、人員は、小売業で約72万人減、サービス業で約98万人減少した。この2業種の合計で約170万人になる。

前項で見たように、小売業は全規模で見ても、売り上げが減っている。売上高だけでなく、売上原価、販売費および一般管理費、営業利益、人件費計のすべての指標が減少している。これは、小売業が全体として減量経営に追い込まれていることを意味する。

このことは、とくに零細企業（資本金2000万円未満）において著しい。売上高の減少率は、47・3％にも及ぶ。これは「破滅的」といってもよい状況だ。

この結果、人員や給与水準の削減も著しい。人員は、零細企業では23％もの減だ。給与水準は、大企業でも零細企業でも５％程度下落している。

飲食サービス業では、売り上げが大企業で約18％落ち込み、零細で約６％落ち込んでいる。大企業のほうが激しく落ち込んでいるが、増えていない点は零細も同じだ。そして、人件費計は大企業でも約２割減少しており、零細企業では半分以下に落ち込んでいる。

## 零細飲食業は給与水準が４割も下落

すでに見たように、製造業でも零細企業は給与水準を引き下げている。

非製造業では、全体として見ると、給与水準は０・２％ほど上昇しているのだが、分野別に見ると、かなり大きく低下している分野もある。

零細企業では、多くの産業で給与水準が下落している。中でも、零細飲食サービス業は、４割近い下落という、信じられないほどの状況だ。

しかも、給与水準も著しく低い。２０１８年10～12月期における零細飲食サービス業での１人当たり給与（四半期当たり）は49・５万円だが、これは、製造業大企業１３１・１万円の37・７％でしかない。

１人当たり給与の下落が著しいのは、零細飲食サービス業だけではない。零細宿泊業は12・２％の下落、零細小売業は10・４％の下落だ。

介護では、1人当たり給与水準の伸び率は高い。12年10～12月期から18年10～12月期の間に、大企業では93・1％上昇している。零細企業でも20・2％の上昇だ。しかし、水準は低い。大企業で89・1万円、零細企業で66・2万円であり、製造業大企業の131・1万円に比べると、著しく低い。

零細非製造業の従業員は約671万人だ。これは製造業大企業291万人の2倍以上だ。この部門では、給与水準が下がり、利益が減少している。これこそが、現在の日本企業の標準的な姿なのだ。

給与水準が3％程度上昇し、利益が増え、株価が上がったというのは、製造業大企業のことなのである。経済全体がそのようになったというイメージで見ていると、状況の判断を大きく誤る。

## 「小企業」で売り上げが伸びず、人員が削減された

以上をまとめれば、つぎのとおりだ。

①「小企業」では、売り上げが伸びず、他方で人手不足にも直面している。そこで、人員を削減して縮小均衡を図った。このために、従業員数が減少したのだ。

②「大中企業」では売り上げが増大したので、従業員数を増やした。「小企業」から放出さ

れた労働力が、その供給源となった。

「大中企業」は、これ以外に主婦のパート労働者や外国人労働者も採用したと考えられる。

これによって、「大中企業」では、増大した売り上げに対応して事業を拡大できた。

ところが、低給与水準の労働者が流入したので、従来から就業している労働者の給与水準を下げなくても（あるいは上げても）、大中企業の平均給与水準は低く抑えられることになる。

この結果、利益が増大した。

このように、利益は人件費圧迫で実現したのであり、イノベーションや新事業によってもたらされたのではない。

では、就業者移動と給与水準のメカニズムは、詳細にはどうだったのだろうか？

これについては、第3章で詳しく分析することとする。

# 4
# 景気拡大の中で「二重構造」が復活している

## 企業規模や業種で売上高の増加率に大きな差がある

以上で見たように、「給与水準が上昇せず、利益が増大した」という現象は、経済の構造が一様でないことによって引き起こされたものだ。

最も基本的な点は、企業規模や業種によって、売上高の増加率に大きな差があることだ。高度成長で解消したとされていた「二重構造」が、現代の日本に復活しているのだ。それが、雇用面での調整を引き起こしたのである。

本章で述べたことをまとめれば、つぎのとおりだ。

差は、まず企業規模で生じる。

いくつかの例外はあるものの、大企業での売上高が順調に増加したのに対して、零細企業の売り上げが停滞、または減少した場合が多い。

この結果、１人当たり人件費（給与水準）は、多くの零細企業で引き下げられている。非製造業では、医療、介護以外の多くの分野で、零細企業の１人当たり人件費は低下している。零細企業の人員も減少している。

つぎに、業種による差がある。小売業、飲食サービス業では、大企業でも零細企業でも、売り上げが減少している。この結果、これらの産業での給与水準は、飲食サービス業の大企業を除き、低下している。

右に見た給与水準低下業種は、もともと給与水準が低い業種だ。そこでさらに給与水準が低下するのは、深刻な問題だ。

こうした問題は金融政策で対処できるものではない。また、政府がいかに春闘に介入しようと、経済全体の給与水準は引き上げられない。

## 自営業はもっと悲惨、「景気回復」にはほど遠い

ここで注意すべきは、以上では法人企業統計調査がカバーしている範囲だけしか見ていないということである。人員数で見ると、法人企業統計調査（金融機関を含む）がカバーしているのは、全産業、全規模で約３７６６万人だ（２０１９年１〜３月期）。他方で、日本の総就業者は、６４５６万人である（労働力調査、19年１月。この他に、国家公務員が約64万人、地方公務員

が約275万人いる）。

総就業者から法人企業統計調査カバー分と公務員を除くと約2350万人になるが、このうち大部分が個人事業で就業していると考えられる（なお、労働力調査では、自営業主・家族従業者は686万人）。

そして、これらの人々の多くは、以上で見てきた法人企業統計調査における零細企業の場合よりも、さらに劣悪な状況にあることが推察される。日本経済の現状は、「景気回復」というにはほど遠い状況にあるのだ。

## 高度経済成長で解消した二重構造が復活

日本の産業には、高生産性産業（図表2－4のグループA）と低生産性産業（図表2－4のグループB）がある。

グループAとして、ここでは、製造業と情報通信業の大企業を取り上げた。グループBとしては、小売業、飲食サービス業、医療、福祉業の零細企業を取り上げた。

両者では、まず、従業員1人当たり給与の水準が異なる。四半期当たりで見て、グループAは130万円程度、グループBは50万円前後と、2倍以上の格差がある。つまり、日本の労働市場は、この2つの市場で給与水準が均一化せず、分断されていることになる。

## 図表2-4 日本経済の二重構造

| グループ | 産業 | 資本金 | 従業員1人当たり営業利益（百万円） | 従業員1人当たり給与（百万円） |
|---|---|---|---|---|
| A | 製造業 | 10億円以上 | 1.159 | 1.311 |
| | 情報通信業 | 10億円以上 | 2.909 | 1.312 |
| B | 小売業 | 1000万円以上2000万円未満 | 0.172 | 0.589 |
| | 飲食サービス業 | 1000万円以上2000万円未満 | 0.088 | 0.494 |
| | 医療、福祉業 | 1000万円以上2000万円未満 | 0.090 | 0.662 |

（資料）法人企業統計調査

両グループの差は、給与水準だけではない。従業員1人当たり営業利益（四半期当たり）で見ると、図表2－4に示すような大きな差がある。これについては、グループ内でも格差がある。情報通信業は製造業の3倍近い。

グループBの中では、飲食サービス業、医療、福祉業の営業利益が小売業の半分程度だ。飲食サービス業と情報通信業の間には3倍もの格差がある。

かつて日本の経済は、近代的大規模企業と前近代的中小零細企業が併存する二重構造であると言われた。その後の高度経済成長によって、給与水準や生産性の格差は解消されたと考えられていたが、現代の日本では、以上で見たような二重構造が復活したと考えることができる。

### 低い給与水準のまま大規模な企業に雇用された

経済全体としての雇用は減少していないので、零細企業で削減された人員は、零細企業より規模の大きな企業に移ったはずだ。大企業等の平均給与水準は零細企業より高いので、仮に転職した労働者が大企業の高い給与水準になれば、経済全体の平均給与水準は上昇しただろう。しかし、そうしたことにはならなかった。

大企業等に移ったからといって給与水準が上がったわけではなく、非正規雇用になるなどの理由で、給与水準は零細企業のときとあまり違わない水準か、それより低い水準になったと考えられる。このため、大企業の給与水準も、平均で見ると低下することになったのだ（1・2％の低下）。

こうして、大企業では、人員数を売り上げの増加率（12・2％）とほぼ同率（12・4％）増やしたにもかかわらず、人件費計は11・0％増にとどめられた。

結局のところ、経済全体では、人件費増加率が売上高増加率より低く抑えられ、その結果、利益が大幅に増加したのである。

このメカニズムは、第3章でさらに詳細に分析することとする。

## 日本経済不調の基本に関わる問題

ここでの分析によっても、なお明らかになっていないことが多い。

とくに、「減量経営」と表現したことの実態は、必ずしも明らかでない。

ここで見た数字は、規模別、業種別の括《くく》りごとのネットの数字であるから、個々の企業を見た場合には、状況がもっと悪い可能性もある。

減量経営の実態も分からない。とくに、事業は継続したまま人員を減らしているのか、それとも廃業してしまったのかが分からない。

また、減量経営の原因も分からない。ここで考えたように、売り上げの減少が原因なのか。それとも、人員を確保できないために事業を縮小し、そのために売り上げが減るのか？

以上のようなことは、法人企業統計調査の分析からは分からない。こうしたことの実態を知るには、より詳細な調査が必要である。ここで述べたことは、日本経済不調の基本に関わる重要な点であるから、詳細な調査が望まれる。

それを基にして、転職の斡旋《あっせん》、情報提供、職業訓練などの政策を展開する必要がある。

# 第3章

# なぜ賃金が上がらないのか？

# 3つのステップで賃金が上がらないメカニズムを理解しよう

## 1 疑問を持とう　人手不足なのになぜ賃金が上がらないのか？

企業利益が増加し、人手不足が深刻化しているのですから、賃金が上がってしかるべきです。それなのに、賃金は上がりません。これはなぜなのでしょうか？

## 2 仮説を立てよう　第2章で見た新しい二重構造が原因ではないか？

零細小企業では、売り上げの伸び悩みから減量経営を余儀なくされ、その結果、労働力が放出されます。彼らは、規模がより大きな企業に雇用されますが、多くは非正規であり、賃金は零細企業のときと同じく、低いままです。これによって大企業は低賃金労働を得られるので、利益が増大します。

## 3 データで確かめてみよう　二重構造のために賃金が上がらない

右の仮説を直接に示すデータはありませんが、さまざまなデータと矛盾してはいません。ですから、実際にこうしたメカニズムが働いていると考えられます。

ポイント図表

## 図表 3-1 人員、給与水準、人件費の変化

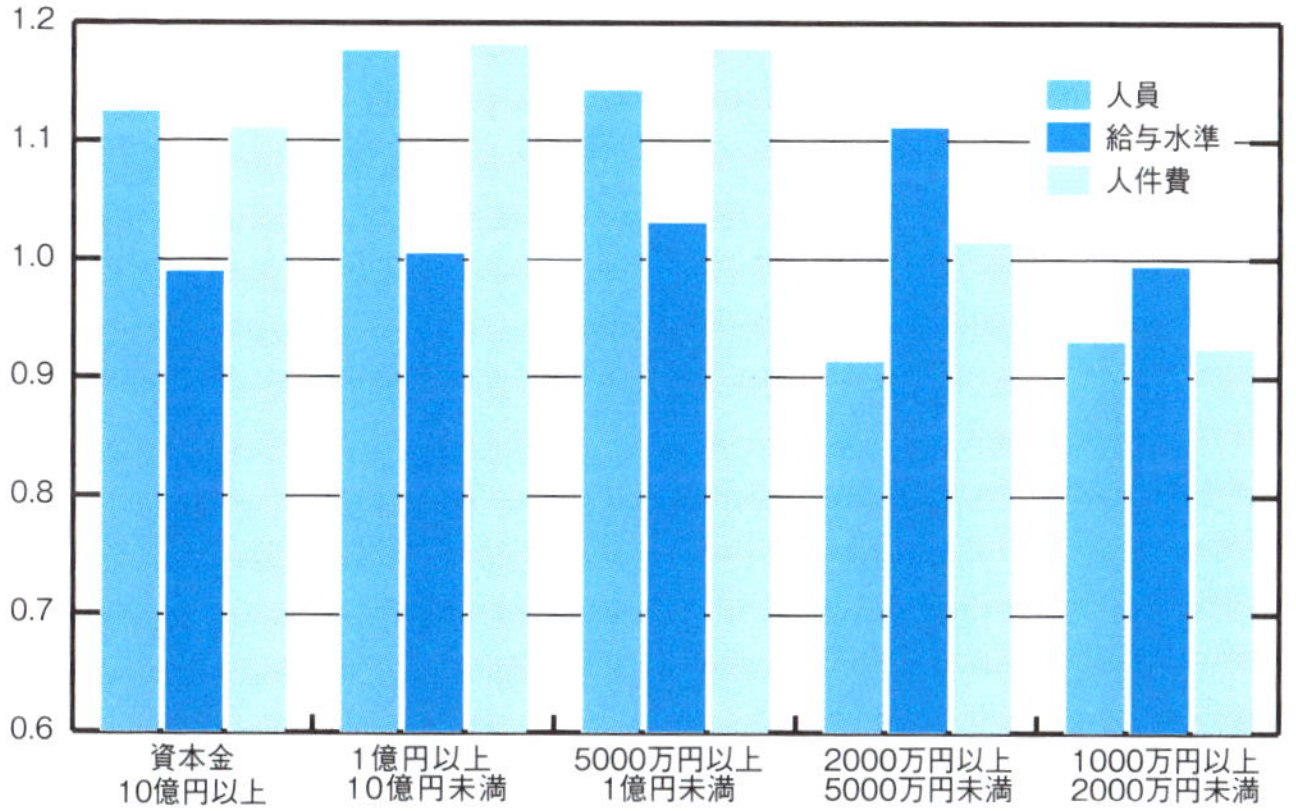


（注）数値は、2018年10～12月期と2012年10～12月期の比率
（資料）法人企業統計調査

第2章で見たように、売上高は大中企業で伸び、小企業で停滞しています。これを反映して、人員や賃金でも大中企業と小企業で差が生じています。資本金5000万円未満の企業では、賃金を抑えられず（あるいは引き上げ）、人員を減らして人件費を抑えようとしています。

ここから放出された労働力が大中企業に、低賃金労働として流入します。こうして、大中企業では賃金を抑えつつ人員を増大させています。このため全体の賃金が伸びず、また大中企業の利益が増加します。

**グラフを自分で描いてみよう**

図表3-1のデータと、それをグラフに描く方法の説明が、サポートページにあります。下のQRコードをスマートフォンのカメラで認識させて、開いてください。

戦後最長の景気拡大が続いているにもかかわらず、景気回復の実感がないのは、賃金が上昇しないからだ。零細小売業やサービス業には低賃金の就業者がおり、企業の減量経営で人員削減の対象とされている。これらの労働者が、低賃金労働の供給源になっている。

# 1 給料が上がらない真因は零細から大中企業へ供給された「低賃金労働力」

**「大中企業」に低賃金労働力が供給された**

図表3－1は、2012年10～12月から18年10～12月の間に人員、給与水準、人件費がどのように変化したかを、企業規模ごとに示している。

図表3－2では、これを実数で示す。C欄に示すように、人員は「大中企業」（資本金5000万円以上の企業）で259万人増え（D欄に示すように、14・2％増）、「小企業」（資本金5000万円未満の企業）で136万人減った（7・7％減）。

この違いは、かなり大きい。

**図表3-1 ｜人員、給与水準、人件費の変化**

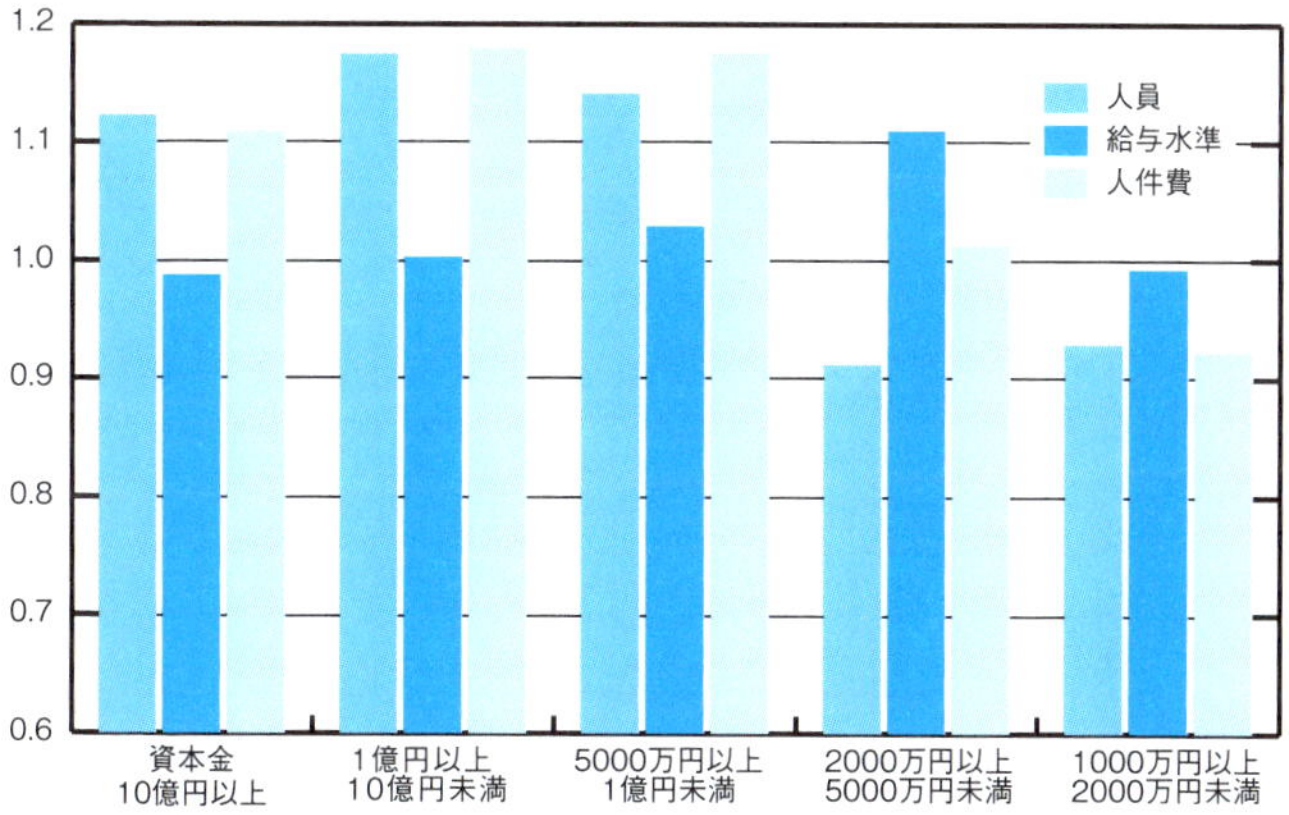


（注）数値は、2018年10〜12月期と2012年10〜12月期の比率
（資料）法人企業統計調査

この結果、人員は、12年10〜12月には「大中企業」の1776万人と「小企業」の1768万人がほぼ同数だったが、18年10〜12月には「大中企業」の人員が2035万人に増え、「小企業」の1632万人のほぼ1・25倍になった。中でも増加が著しかったのは、1億円以上10億円未満の企業だ（17・6％増）。これは、この規模の企業の売り上げ増加率が高かったからだ。

ここで、「『小企業』の労働力が『大中企業』に移ったときに、賃金が『小企業』にいたときと変わらない」という仮説を立てよう。

「小企業」で整理された労働者としては、「大中企業」で職が得られれば、賃金が上がらなくとも、それを受け入れるだろう。だから、右の仮説は現実的なものと考えられる。

## 図表3-2 企業規模ごとの人員の変化

| 規模 | A<br>2012年10～12月<br>人員計 | B<br>2018年10～12月<br>人員計 | C<br>変化(B−C) | D<br>変化率(B/A) |
|---|---|---|---|---|
| 全規模 | 35,437,948 | 36,675,932 | 1,237,984 | 1.035 |
| 10億円以上 | 6,993,951 | 7,859,477 | 865,526 | 1.124 |
| 1億円以上10億円未満 | 5,833,254 | 6,858,013 | 1,024,759 | 1.176 |
| 5000万円以上1億円未満 | 4,933,921 | 5,636,689 | 702,768 | 1.142 |
| (5000万円以上) | 17,761,126 | 20,354,179 | 2,593,053 | 1.142 |
| 2000万円以上5000万円未満 | 7,054,179 | 6,441,567 | -612,612 | 0.913 |
| 1000万円以上2000万円未満 | 10,622,643 | 9,880,186 | -742,457 | 0.930 |
| (5000万円未満) | 17,676,822 | 16,321,753 | -1,355,069 | 0.923 |

(注)人員の単位は人
(資料)法人企業統計調査

では、これは、どのような効果を持つだろうか？
まず、賃金の状況を見ると、図表３－３に示すように、「小企業」の四半期ごとの平均給与（賃金）（18年10～12月期で1・072百万円）は、「大中企業」の平均給与（1・473百万円）の約7割でしかない。これは、大きな差だ。

したがって、仮に「大中企業」の人員の1割に当たる労働者が流入して賃金が元のままだとすると、「大中企業」の平均賃金は約3％下がることになる。この場合には、仮に「大中企業」の従来からの従業員の賃金が3％上昇しても、平均賃金の伸びはほぼゼロに抑えられることになる。(注)

（注）２０１２年の人員を$N$、賃金を$w$とする。18年には、これに0・1$N$人が加わる。彼らの賃金は0・7$w$。したがって、従来からの従業員の賃金が不変の場合には、賃金総額は（$Nw+0.1N\times0.7w$）となり、

## 図表3-3 企業規模別の平均賃金と上昇率

| 規模 | 平均給与水準（百万円） | | 伸び率（%） |
|---|---|---|---|
| | 2012年10〜12月 | 2018年10〜12月 | |
| 全規模 | 1.252 | 1.294 | 3.372 |
| 10億円以上 | 1.801 | 1.780 | -1.165 |
| 1億円以上10億円未満 | 1.323 | 1.329 | 0.424 |
| 5000万円以上1億円未満 | 1.183 | 1.219 | 3.036 |
| （5000万円以上 ） | 1.472 | 1.473 | 0.014 |
| 2000万円以上5000万円未満 | 1.036 | 1.151 | 11.103 |
| 1000万円以上2000万円未満 | 1.027 | 1.020 | -0.662 |
| （5000万円未満） | 1.031 | 1.072 | 4.001 |

（資料）法人企業統計調査

従業員数は１・１*N*となる。したがって、平均賃金は、０・９７３*w*となり、約３％下がる。

従来からの従業員の賃金が０・３％上昇すれば、賃金総額は（1.03*Nw*＋0.1*N*×0.7*w*）となるので、平均賃金は*w*で不変だ。

## 平均賃金は上がらないが、誰も大きな不満を持たない

前項で述べたことに関して、シミュレーションを行なってみよう。

図表３－４のケース１では、「大中企業」に２０１２年にすでにいた従業員（Ａ）の12年から18年への賃金上昇率（ａ）を１・３％とし、「大中企業」が12年以降に採用した従業員で、12年に「小企業」にいて「大中企業」に移動した従業員（Ｂ）以外のもの（Ｃ）の賃金上昇率は２％であるものと仮定した。

## 図表3-4　賃金引き上げに関するシミュレーション

| | ケース1 | | ケース2 | | ケース3 | |
|---|---|---|---|---|---|---|
| | 仮定した賃金上昇率（%） | 2018年の賃金（百万円） | 仮定した賃金上昇率（%） | 2018年の賃金（百万円） | 仮定した賃金上昇率（%） | 2018年の賃金（百万円） |
| (A)大中企業に2012年にすでにいた従業員 | 4.3 | 1.536 | 4.2 | 1.534 | 4.4 | 1.537 |
| (B)2012年に小企業にいて大中企業に移動した従業員 | 0.0 | 1.031 | 0.0 | 1.031 | 0.0 | 1.031 |
| (C)大中企業が2012年以降に採用した従業員で(B)以外 | 2.0 | 1.051 | 4.0 | 1.072 | 0.0 | 1.031 |
| ケース1、2、3の下での大企業の賃金上昇率(%) | 0.015 | | 0.013 | | 0.017 | |
| 実際の賃金上昇率(%) | 0.014 | | 0.014 | | 0.014 | |

（注）著者推計

この場合の「大中企業」の平均賃金上昇率を計算すると1・5％となり、実際の値（1・4％）と近い値になる。つまり、（B）の従業員の賃金が「小企業」にいたときと変わらなければ、（C）の従業員にある程度の賃金上昇を認めても、なおかつ「大中企業」に元からいた従業員（A）に関しては、4％を上回る賃金上昇率が実現できるのである。

（C）の従業員の賃金上昇率を4％というかなり高い値にしても、（A）の賃金上昇率は4％を超えられる（ケース2）。

仮に（C）の賃金上昇率を0％に抑えられるなら、（A）の賃金上昇率は4・4％近くにまでできる（ケース3）。

右のいずれのケースにおいても、どの階

層の人も、賃金が下がったという感じを持たないだろう。つまり、誰もあまり大きな不満を持たないだろう。しかし、平均賃金はあまり上昇しないのである。

平均賃金が上昇しないから、消費不況から脱却できないのだ。

## 人手不足であるにもかかわらず賃金の上昇が抑えられる

古典的な経済発展論によれば、農村に膨大な量の過剰労働力が存在し、工業化が進展するときには、そこから安価な労働力が供給される。１９５０〜60年代の日本がそうだった。現代でも、ごく最近までの中国がそうだ。

この場合には、中心産業が農業から工業に転換するため、経済全体の生産性が上がり、経済が成長する。その意味では、農村から供給される労働力は、経済成長の原動力になったと言える。

現在の日本で起きているのは、それとは似ているが、異なるものだ。まず、供給源は農村ではなく、小企業になっている。ここに低賃金の労働力が存在している。売り上げ減少に直面した企業が減量経営を行なうことによって、これらの労働力は過剰労働力となって放出される。それが「大中企業」に吸収される。

こうしたメカニズムが働くので、人手不足であるにもかかわらず、賃金の上昇が抑えられる。

小企業から供給される労働力と、女性のパート労働や外国人労働力がどのような関係になっているのかは明らかでないが、こうしたメカニズムが現在の日本の賃金構造の根底にあることは間違いない。

なお、法人企業統計調査で把握されている従業員数は経済全体の就業者の58％程度でしかない。残りは、ここで見ている小企業や零細企業と同じか、あるいはそれ以下の状況にあるものと推察される。それを考えれば、日本経済の低賃金労働力の供給源は、もっと大きいことが分かる。

## 新しい「二重構造」を統計が捉えていない

ところで、現在の日本の賃金統計や労働統計は、以上で述べたような労働力の移動を直接には捉えていない。

労働者が実際にどのように移動したか、そして賃金がどうなったかは、統計では直接には分からない。それを確かめるには、ここで行なったように、仮説を立ててデータと矛盾しないかどうかをチェックするしかない。

ここで示した基本的命題、すなわち「小企業が低賃金労働者を供給し、それによって誰もが満足し、しかも賃金が大きく上昇しない状況がもたらされた」ということは、大いにあり得ることだ。ただ、そう仮定しても現実のデータと矛盾しないというだけのことであって、実際にそうしたことが起きていることをデータが直接に捉えているわけではない。
したがって、現在の統計を表面的に見ても、労働市場で生じている変化を的確に捉えることはできない。

有効求人倍率や失業率に表れているのは、小企業の状況である。ここでは確かに人手不足が生じている。ただし、大企業などでは、ここで描いたような状況が正しいとすれば、それほど深刻な人手不足が生じていない可能性がある（現実、事務系職員については、人が余っている）。ところが、こうした状況は、有効求人倍率や失業率には、あまりはっきりとは表れない。

２０１９年の初めに国会で議論された毎月勤労統計調査の不正問題（第８章参照）は、確かに大きな問題だ。ただし、問題はそれだけではない。統計の取り方を社会の要請に合わせて変えていく努力もなされなければならない。それにもかかわらず、こうした議論はまったく行なわれていない。

# 2 潜在的な「低賃金労働者」は働き手の「5人に1人」

## 「減量経営企業」で解雇される人々が低賃金労働者となる

一般に、つぎのような人々が低賃金労働の供給源になると言われている。

第1は高齢者だ。とくに、定年退職後に低い賃金で再雇用される人々だ。

第2は女性労働者だ。とくに、これまで専業主婦だった人がパート等の形態で雇用される場合である。

そして、第3が外国人労働者だ。

本章の1で指摘したのは、このほかにもう1つの重要な低賃金労働の供給源があるということだ。

それは、小売業、飲食サービス業などの零細企業で働いている人々だ。企業の経営が難しくなって減量経営を行なうため、これらの労働者が解雇されるからだ。経営が難しくなる原因としては、売り上げが伸びないことや原価の高騰などがある。

ところで、このような状況は、小売業や飲食サービス業に限定されたものではない。では、経済全体を見た場合に、そうした条件に直面している就業者は、どの程度いるだろうか？ この推計は、簡単な課題ではない。

以下では、「減量経営企業」としてつぎのような2つの概念を設定し、そこに雇用されている人員の数を調べる。ここで、「減量経営企業」とは、これまで人員削減を行なってきたか、将来において行なう可能性が高い企業である。

第1は、狭義の減量経営企業だ。これは、売上高が停滞ないしは減少している、あるいは原価の上昇率が高い業種の零細企業である。

第2は、広義の減量経営企業だ。これは、零細企業だ。「どの業種であるかにかかわりなく、規模が小さいと減量経営せざるを得なくなるので、人を削減する」と考えられるからだ。ただし、人員が顕著に増えている業種は除くことにする。

## 法人企業統計調査の範囲での減量経営企業

### ①狭く捉える場合

まず、法人企業統計調査がカバーしている範囲で、前項で述べた就業者数を推計する。

**図表3-5 法人企業統計調査でカバーしている範囲で低賃金労働の供給源（狭義）**

| 業種 | 2018年人員 |
|---|---|
| 製造業 | 2,012,525 |
| 小売業 | 1,128,289 |
| 物品賃貸業 | 39,094 |
| 宿泊業 | 244,123 |
| 飲食業 | 408,141 |
| 計 | 3,832,172 |

（注）資本金1000万円以上2000万円未満で、
人員が減っている業種の人員数
2018年10～12月期の値
（資料）法人企業統計調査

最初に、狭義の減量経営企業を見る。これは、具体的には、製造業、小売業、物品賃貸業、宿泊業、飲食業における資本金が1000万円以上2000万円未満の企業だ。

ここに就業している人員の合計は、図表3－5に示すように、2018年10～12月期で383万人だ。

## ②広く捉える場合

つぎに、広義の減量経営企業を見る。

人員が顕著に増えている業種は、具体的には、医療介護、その他のサービス業、生活関連サービス業、教育、学習支援業だ。

これらの業種と金融業を除いた資本金1000万円以上2000万円未満の企業が広義の減量経営企業であると考えよう。

**図表3-6 法人企業統計調査でカバーしている範囲で低賃金労働の供給源（広義）**

| | | | 人員 |
|---|---|---|---|
| A | 全産業、1000万円以上2000万円未満企業就業者 | | 9,880,186 |
| B | 除外する業種 | 医療介護 | 170,348 |
| | | その他のサービス業 | 1,033,981 |
| | | 生活関連サービス業 | 266,464 |
| | | 教育、学習支援業 | 134,942 |
| C | B小計 | | 1,605,735 |
| A−C | | | 8,274,451 |

（注）2018年10～12月の値
（資料）法人企業統計調査

ここに就業する人員の合計は、図表３－６に示すように、18年10～12月期で、８２７万人である。これは、狭義の人員数の２倍を超える。

## 法人企業の範囲外に就業者はどのくらいいるか？

以上は、法人企業統計調査がカバーしている範囲内の企業や就業者だが、これは企業や就業者のすべてをカバーしているわけではない。法人企業統計調査がカバーしていない部分がある。

まず、それがどの程度の規模なのかを見ておく。

労働力調査によると、就業者の合計は６４５６万人だ。他方で、法人企業統計調査での人員計は３７６６万人だ。この差は約２７００万人だ。

このように、法人企業統計調査における人員計は、労働力調査における総就業者の58％しかカバーしていないことになる。

法人企業統計調査のカバー率は、産業によってかなりの差がある。

情報通信業では、法人企業統計調査は労働力統計の99％をカバーしている。製造業では86％だ。これらの業種では、カバー率はかなり高い。

他方で、カバー率は、建設業では62％、卸売業、小売業では76％などと低くなる。宿泊業、飲食サービス業では47％しかカバーしていない。

労働力調査では、業種をあまり細かく分割できないのだが、仮にさらに分割して、「卸売業、小売業の中の小売業」や、「宿泊業、飲食サービス業の中の飲食サービス業」だけを見れば、カバー率はもっと低くなっていると思われる。

## 法人企業統計調査外での低賃金供給源

法人企業統計調査でカバーされていない企業は、どのような企業か？

これは、資本金が1000万円未満の法人企業と個人企業である。

これらの企業は、売り上げなどの状況について、法人企業統計調査で見た資本金1000万円以上2000万円未満の企業と同じか、それよりもさらに厳しい状況に直面していると考えるのが自然だ。

ここで、法人企業統計調査でカバーされていない企業を、つぎの2つのグループに分けて考えることにしよう。

（A）賃金が高い業種の企業：製造業、建設業、運輸業の企業。これらの企業の就業者の合計は390万人だ。

（B）賃金が低い業種の企業：農業、卸売業、小売業、宿泊業、飲食サービス業、生活関連サービス業、娯楽業、医療福祉、サービス業（他に分類されないもの）。これらの企業の就業者の合計は1993万人だ。

法人企業統計調査では、（B）のうち、生活関連サービス業と医療福祉以外が、人員を減らしている業種だ。

そして、これらの業種の企業が、すでに述べた狭義の減量経営企業であり、潜在的な低賃金の供給源になっていると考えられる。その業種の従業員の総数は、つぎのとおりだ。

1993万人（（B）合計）－932万人（医療福祉＋生活関連サービス業）

＝1061万人

まとめれば、法人企業統計調査でカバーされていない範囲で、減量経営企業での就業者数は、狭義で考えても、およそ1000万人だ。

広く考えれば、総就業者から法人企業統計調査カバー分と公務員を除く約2350万人から、医療福祉と生活関連サービス業の合計約1000万人を除く、約1350万人ということになる。

## "供給プール"は極めて大きい

以上をまとめて概数で示すと、図表3－7のようになる。全体で言えば、狭く捉えても1400万人。つまり、総就業者の21％、5人に1人の人たちが低賃金労働の潜在的供給源になる（ここでは、法人企業統計調査の範囲の推計値を、丸めて示した）。

広く捉えれば、2150万人となる。すなわち、総就業者約6500万人の約3分の1だ。

そのうち1400万人は、法人企業統計調査が捉えていない企業、つまり、資本金1000万円未満の法人企業と個人企業の経営者および従業員だ。

なお、図表3－7は、狭義の減量経営企業は、広義の減量経営企業の約7割であることを示している。つまり、零細企業のうちこれだけは、実際に減量経営を強いられている。また、減

## 図表3-7 低賃金労働者の供給源

（単位:万人）

| | 法人企業統計調査の範囲 | 法人企業統計調査でカバーされていない範囲 | 合計 |
|---|---|---|---|
| 狭く捉えた場合（売り上げ停滞業種の零細企業） | 400 | 1000 | 1400 |
| 広く捉えた場合（業種によらず零細企業、ただし、医療・介護を除く） | 800 | 1350 | 2150 |

（注）著者推計

量経営企業に関する法人企業統計調査のカバー率（図表３－７から、４００÷１４００＝29％）は、平均的なカバー率（前記のように58％）の半分程度であることも分かる。

ここで見た低賃金労働の供給プールは、狭く捉えたとしても、普通言われる低賃金労働の供給源、すなわち、高齢者、女性、外国人に比べて、圧倒的に大きい。

外国人労働者の増加が、賃金上昇の足を引っ張ると、しばしば指摘される。そうした効果があり得ることは否定できないが、賃金が上昇しない原因としてそれより重要なのは、経済全体の成長率が低いために、ここで述べたような供給源が存在することである。

### 業種別と規模別を考慮することで初めて見える問題

ここで「減量経営企業」と呼んだ企業の就業者の賃金が非常に低いことは、よく認識されている。

しかし、彼らは、低賃金であるだけでなく、就業状況が不安定なのである。企業の減量経営のために解雇される（個人事業の経営者であれば、廃業せざるを得なくなる）危険に直面しているのだ。そして、過去6年間を見ると、法人企業統計調査におけるこれらの部門の就業者は、実際に減少している。

ただし、日本経済全体は人手不足に直面しているために、放出された労働者は、失業することはない。他の企業で雇われるのだ。だが、前の職場より賃金が上昇することはまずないだろう。このようにして、日本全体の平均賃金が伸び悩むこととなる。

以上のような事実は、これまで明確には認識されてこなかった。

こうした人々の存在は、ここで行なっているように、業種別と資本金規模別の両方を考慮することによって、初めて見えてくるものだ。

なお、ここでは、地域別の分析は行なっていない。仮に、業種別、資本金規模別の他に地域の区分を考慮すれば、さらに詳細な現実の姿が浮かび上がるだろう。売り上げ不振のために現業経営を余儀なくされる企業は、大都市よりも地方部において比較的多く存在することが、おそらく分かるだろう。

# 第4章

# 低賃金にあえぐ家計の実態

## 3つのステップで賃金格差や非正規雇用の実態を理解しよう

### 1 疑問を持とう　非正規の実態はどうなっているのか？

非正規雇用が増大しているといわれますが、これは家計の所得にどのような影響を与えているでしょうか？　もし世帯主が正規雇用であり、それまで働いていなかった主婦が非正規雇用になるなら、世帯としての所得は増加するはずですが、そうなっているでしょうか？

### 2 仮説を立てよう　低賃金と消費停滞の悪循環が生じている

非正規が増えても世帯所得が増えない場合が多く、このため消費が停滞します。それが小売業やサービス業の零細企業での減量経営を余儀なくさせ、それが賃金の引き上げを阻害します。このような「悪循環」が生じています。これが、大中企業の利益増加の裏側で生じている日本経済停滞の基本的なメカニズムです。

### 3 データで確かめてみよう　データは悪循環を示唆している

この問題を1つの統計だけで解き明かすのは困難です。どの統計も部分的な姿しか捉えていません。さまざまな統計を付き合わせることが必要です。

ポイント図表

**図表 4-1 四半期当たり給与水準：規模による差（製造業）**

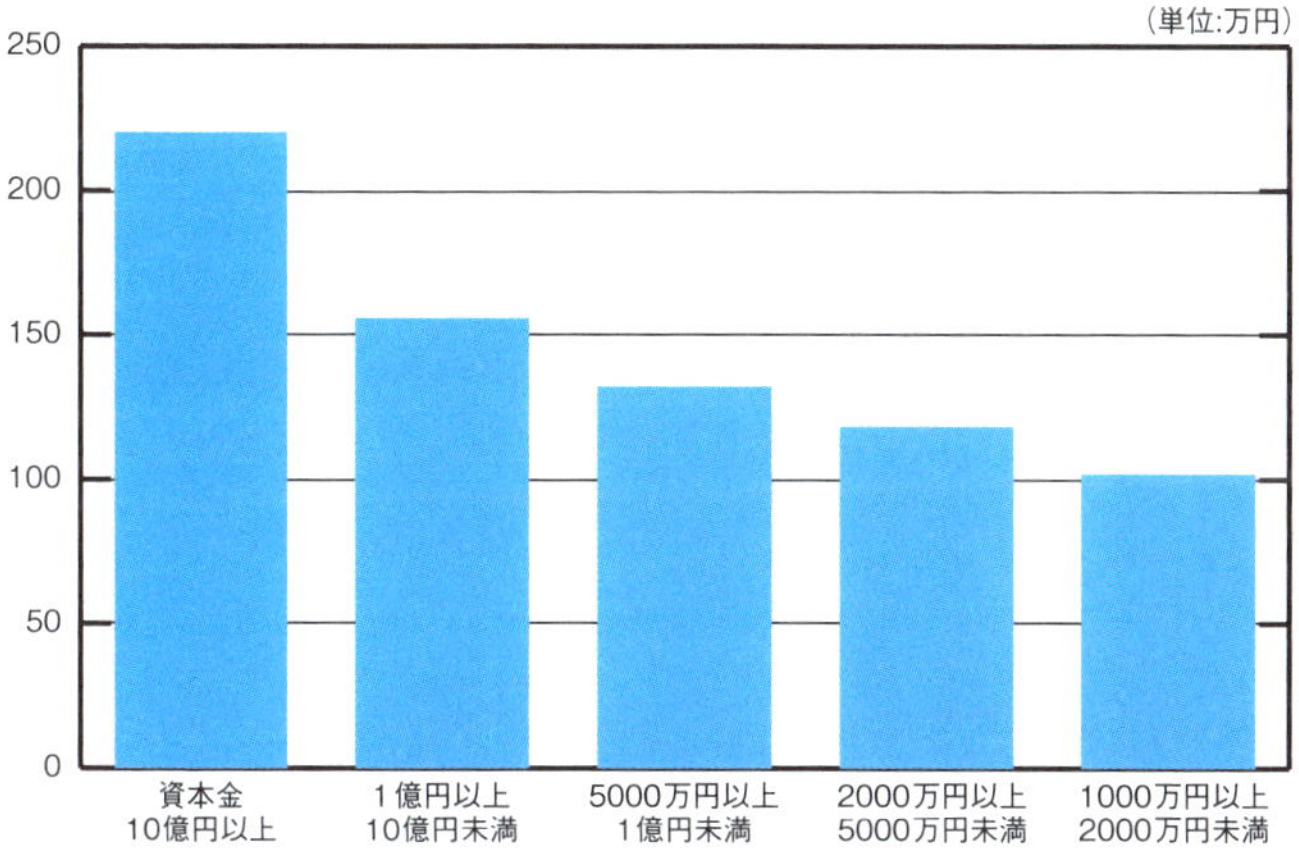


（資料）法人企業統計調査

四半期当たり給与水準は、企業規模によって大きな格差があります。製造業について見ると、図表４－１のとおりです。

資本金10億円以上の企業では２２０万円（年間８８０万円）であるのに、資本金２０００万円未満の企業では１０２万円（年間４０８万円）しかなく、両者の間に２・２倍もの格差があります。非製造業については、本文中の図表４－２に示すように、資本金10億円以上の企業と資本金２０００万円未満の企業の間に１・５倍の差があります。

**グラフを自分で描いてみよう**

図表4-1のデータと、それをグラフに描く方法の説明が、サポートページにあります。
下のQRコードをスマートフォンのカメラで認識させて、開いてください。

総雇用者所得は増えたが、増えているのは非正規雇用であるため、世帯収入は増えない。家計消費の伸び悩みと零細企業の売上減の悪循環が生じており、日本経済停滞の基本的な原因となっている。

# 1 低賃金部門の給与は生活保護に近い

## 大企業の給与は零細企業の1・7倍

第3章で見たように、企業規模別、業種別に、給与水準には極めて大きな差がある。これが、平均値だけでは分からない日本経済の実像だ。

低賃金部門の実態を探るために、以下では、法人企業統計調査における「1人当たり人件費」(「給与水準」)を、より詳細に分析する。(注1)

この値は、業種や企業規模によって大きく異なる。

その状況は、図表4−1および図表4−2に示すとおりだ。製造業、非製造業のいずれにお

**図表 4-1 四半期当たり給与水準：規模による差（製造業）**

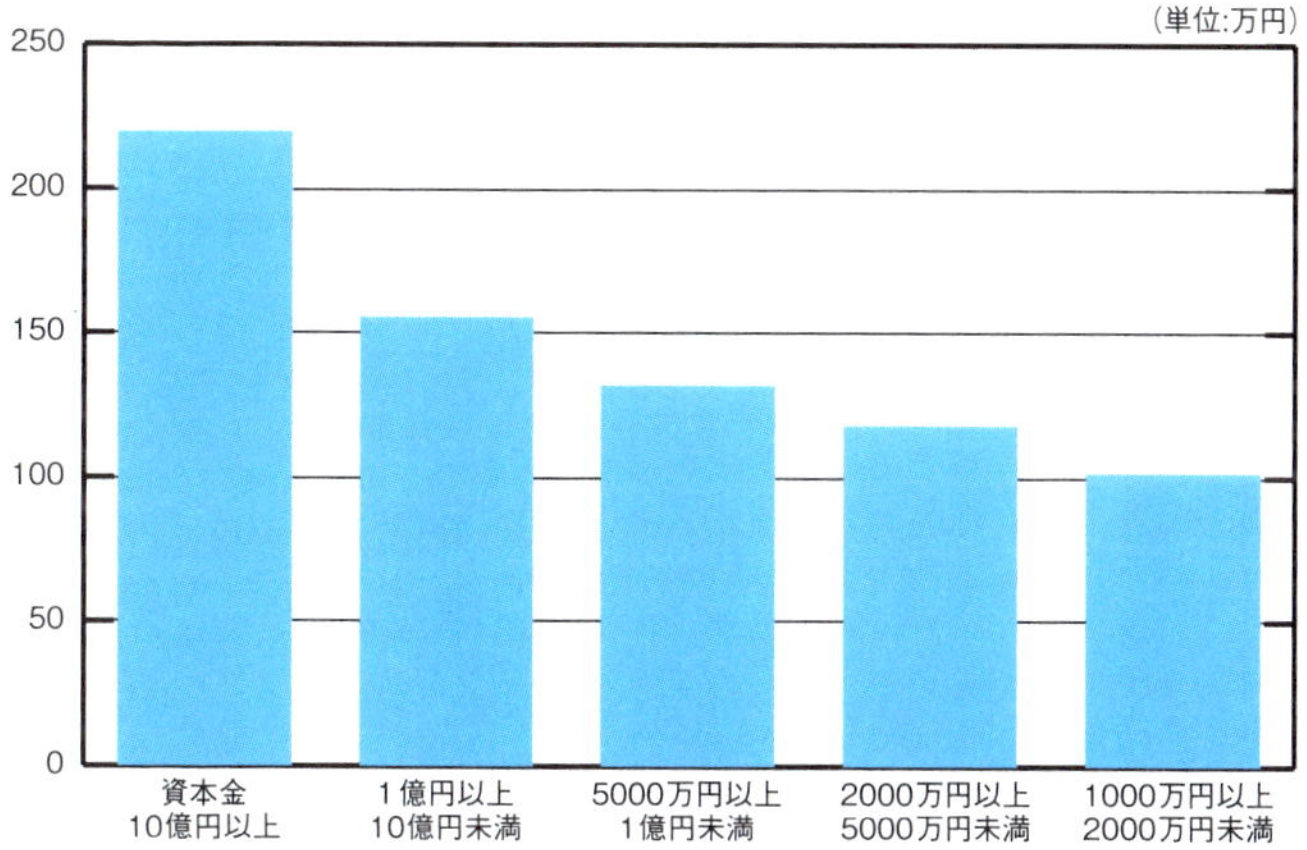


（資料）法人企業統計調査

いても、企業規模が小さくなるほど1人当たり人件費は低くなる。

（注1）法人企業統計調査における四半期当たり人件費は、129万円（年間で517万円）だ（2018年10～12月期、全産業、全規模）。

他方、毎月勤労統計調査における月間給与は、現金給与総額で見て、調査産業計で26・4万円（年間で317万円）だ（19年2月）。

## 零細企業からの労働者は大企業に移っても低賃金のまま

給与水準は生産性の反映だから、前項で述べたことは、大企業の生産性が高く、企業規模が小さくなるほど生産性が低くなることを示している。

原理的には、「大規模な組織は意思決定が遅

**図表 4-2 ｜四半期当たり給与水準：規模による差（非製造業）**

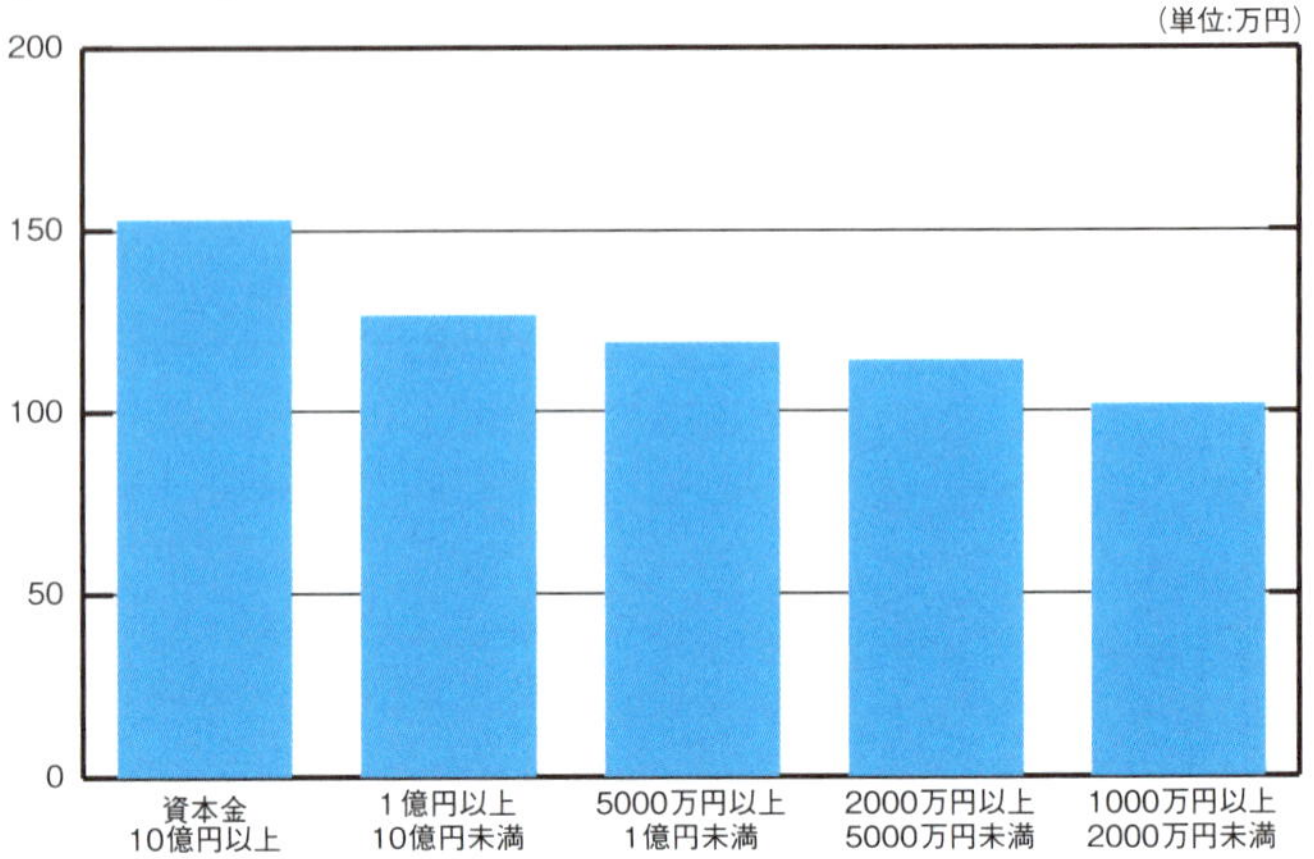


（資料）法人企業統計調査

くなって効率が低下し、より規模の小さい企業では意思決定を迅速に行なえるために生産性が高くなる」ということが起こってもおかしくない。アメリカでは、ベンチャー企業の勃興に関して、こうしたことがあると言われる。しかし、日本ではそうはなっていないのだ。

なお、製造業のほうが、非製造業に比べて、大企業と零細企業の格差が大きくなっている。これは、製造業では、資本装備率の向上（機械化）などによる生産性の上昇効果が顕著に働くからだろう。

日本では、サービス業の生産性が低い。しかし、製造業でも、零細企業では生産性が低い。図表4－1と図表4－2に示されているように、製造業の零細企業（資本金が2000万円未満の企業）の1人当たり人件費は、非製造業の大企業の3分の2でしかない。

ところで、零細企業の生産性が低く、大企業の生産性が高いのだから、零細企業の就業者が減って大企業の就業者が増えれば、経済全体の生産性は向上し、賃金が上昇するように思える。

そして、これまでの章で見てきたように、実際に、零細企業の就業者が減少して、大企業の就業者が増えている。

それにもかかわらず、経済全体の賃金は目立って上昇しないのだ。

こうなるのは、第3章で述べたように、零細企業から放出される労働者は、大企業に雇用されても低賃金のままだからだ。

これが、日本経済の現状を理解する上で極めて重要な点である。

## 零細飲食サービスは製造業大企業の4分の1

企業規模で見て同じクラスであっても、業種によって給与水準は大きく異なる。

図表4－3、図表4－4では4つの業種を示した。

大企業で見ると、給与水準が高い順に、電気業、製造業、小売業、飲食サービス業となる。製造業と電気業が高給与であり、小売業と飲食サービス業が低給与だ。電気業と飲食サービス業の1人当たり人件費を比べると、全規模で3・4倍、大企業で2・9倍になる。

## 図表 4-3　四半期当たり給与水準：業種による差（大企業）

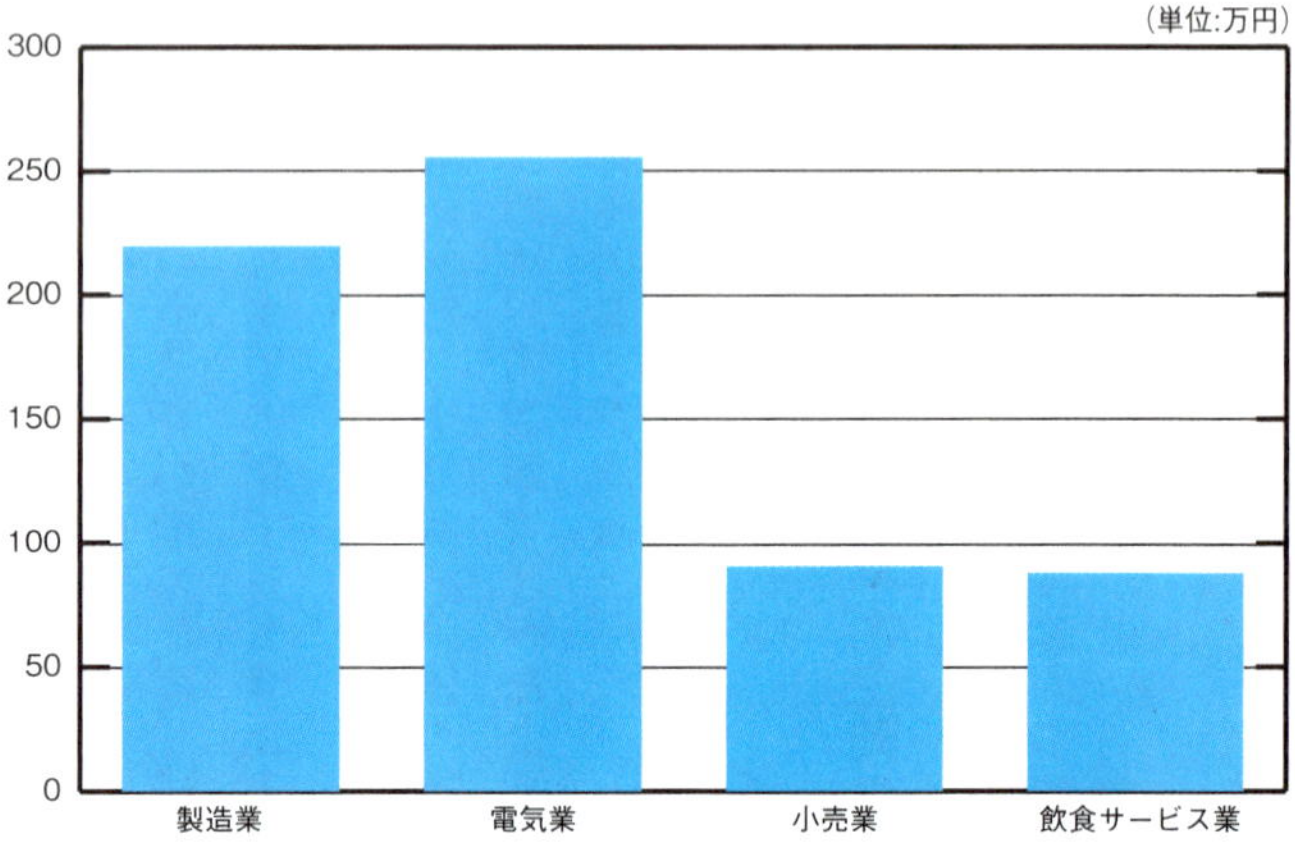


（資料）法人企業統計調査

なお、零細企業では、電気業の給与は低くなり、小売業のほうが高くなる。これは、零細電気業と大企業の電気業は異質の存在であることを示している。

以上のように、給与水準は、企業規模別に見ても、業種別に見ても差がある。

もちろん、1つの企業の中でも、個人の給与には差がある。ただし、それは、年齢や職階の差によるものであり、当然のことだ。問題は、規模や業種によって、給与に差が生じることなのである。

規模と業種という2つの要因は、絡み合っている。例えば、電気業では大企業の比重が高いために業種としても給与が高くなっており、サービス業では零細企業の比重が高いために、業種としても給与が低くなっている。

**図表4-4 四半期当たり給与水準：業種による差（零細企業）**

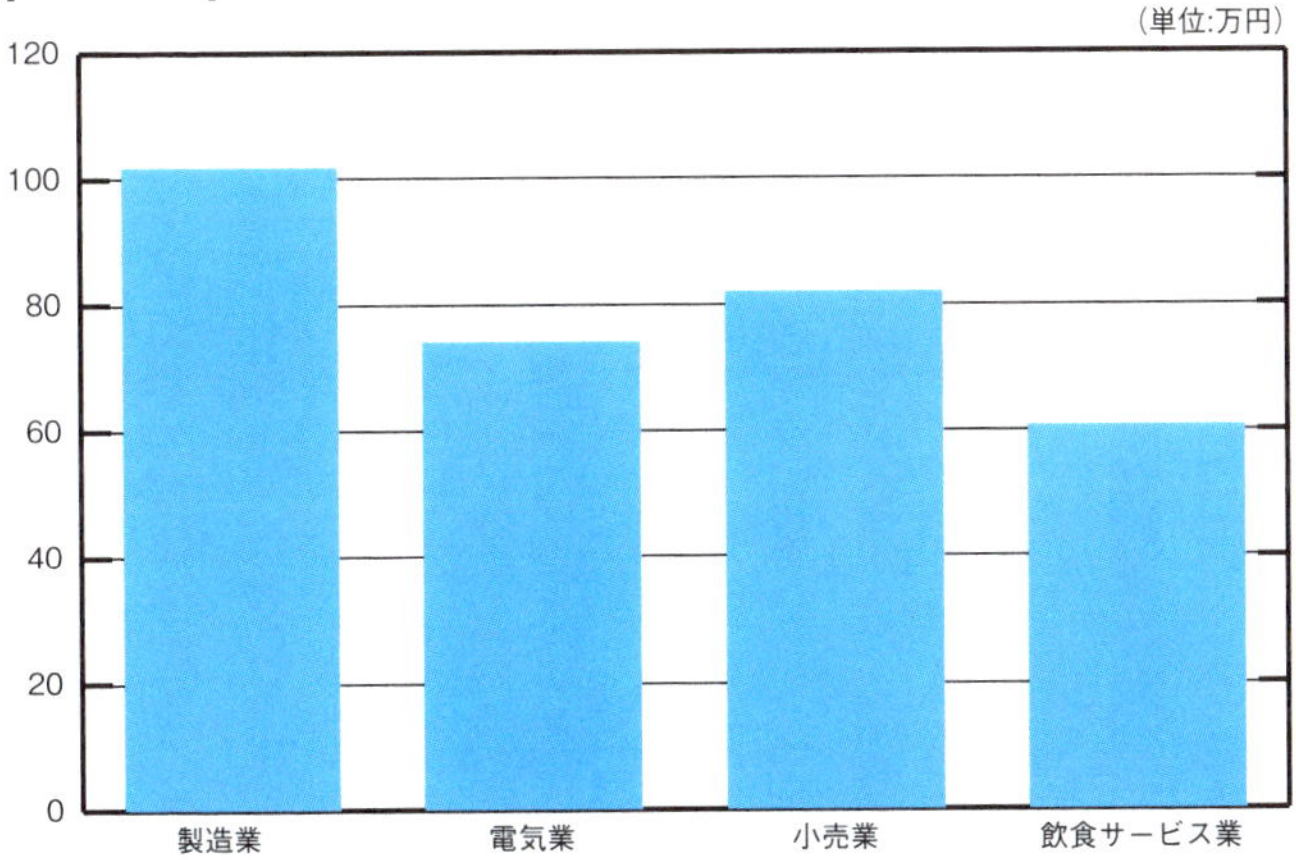


（資料）法人企業統計調査

企業規模と業種の2つの軸で見ると、高いところと低いところの間で、極めて大きな差がある。

給与が高いのは、つぎの業種の大企業だ（括弧内の数字は、2018年10〜12月期の四半期の1人当たり人件費）。

自動車・同付属品製造業（231万円）、鉱業、採石業、砂利採取業（265万円）、電気業（256万円）、ガス・熱供給・水道業（253万円）。

これらの部門では、自動車・同付属品製造業を除いて、年間給与は1000万円を超える。

給与が低いのは、つぎの業種の零細企業だ。

食料品製造業（74万円）、電気業（74万円）、小売業（82万円）、不動産業（81万円）、飲食

サービス業（61万円）、医療、福祉業（83万円）。

飲食サービス業の零細企業と電気業などの大企業との間には、4倍以上の格差がある。そして、飲食サービス業の零細企業での給与水準は、生活保護水準に近い。(注2) しかも、この数字は、この部門での平均給与だ。実際には、これよりもさらに低い給与の人がいることに注意しなければならない。

（注2）生活保護費は、家族構成などさまざまな要因によって決まるが、夫婦、子2人の4人世帯だと、年間200万円程度＋アパート代だ。

## 非正規の給与は正規の4分の1

以上で見た給与水準の差は、正規従業員の比率の差と密接に関連している。

毎月勤労統計調査によると、調査産業計で、現金給与総額を年額にすると、一般労働者で411万円だが、パートは114万円だ（2019年2月）。

このように、約4倍の格差がある。

正規・非正規の差を考慮すると、賃金格差は、規模や業種別の格差よりも深刻になるはずである。

法人企業統計調査によって見た大企業（資本金10億円以上の企業）の1人当たり人件費は、

非正規就業者をも含めた平均の値である。仮に正規従業員だけを取り出して比べれば、差はもっと大きくなるはずだ。

ただし、法人企業統計調査では、正規従業員と非正規従業員がどのようになっているかは分からない。

正規従業員と非正規従業員の比率は、労働力調査、毎月勤労統計調査には示されている。

毎月勤労統計調査によれば、パートタイム労働者の比率（事業所規模５人以上）は、19年２月で31・５％である。

労働力調査によれば、正規が61・８％、非正規が38・２％である。(注３)

ただし、産業別、企業規模別に正規従業員と非正規従業員がどのようになっているかは、どちらの統計でも分からない。

（注３）毎月勤労統計調査では、「常用労働者」を「パートタイム労働者」と「一般労働者」に区別している。労働力調査では、雇用者を「正規の職員・従業員」と「非正規の職員・従業員」に区別している。後者は、「パート」「アルバイト」「労働者派遣事業所の派遣社員」「契約社員」「嘱託」「その他」に分類される。労働力調査の「パート」の比率は18・６％だ。

## 2
# 「総雇用者所得」が増えたのは女性や非正規の就業者数が増えたから

### 総雇用者所得は2018年に確かに増えた

2019年の初めに毎月勤労統計調査の不正が発覚し、国会で実質賃金を巡る議論が行なわれた（第7章参照）。

このとき、野党は「実質賃金の伸びはマイナスだから、アベノミクスは失敗した」とした。それに対して、安倍晋三首相は「総雇用者所得が増えているから、アベノミクスは効果を上げている」と主張した。

以下では、「総雇用者所得」について説明しよう。

「総雇用者所得」とは、毎月勤労統計調査の1人当たり名目賃金（現金給与総額）に、労働力調査の非農林業雇用者数を乗じたものだ。この指標は、政府が毎月の景気情勢を分析している月例経済報告で用いられている。

この推移を見ると、18年に急に増えたのは事実だ。名目で増えただけでなく、実質でも増えた。

ただし、言うまでもないことだが、賃金と、それに雇用者数を乗じた総雇用者所得とは別の指標だ。

## 「総雇用者所得が増えたからよい」と言えるか？

総雇用者所得が２０１８年に急に増えたのは、女性の非正規就業者数が増えたからだ。それによって平均賃金がむしろ押し下げられた。だから、総雇用者所得の増加は、望ましい結果をもたらさなかったことになる。

野党は「実質賃金の下落が問題だ」と指摘しているのだから、それに対して「総雇用者所得を見れば増えている」と言っても、答えたことにはならない。議論はすれ違っている。

問題は、18年に起きた現象をどのように解釈するかだ。以下で見るように、問題の本質は、女性や高齢者が増えているために賃金が下がることなのである。

これは、後で見るように困窮度の高まりと解釈できる。したがって、望ましいことではない。

事実、18年の実質消費はほとんど増えていない。

図表4-5 **就業者の対前年伸び率（女性）**

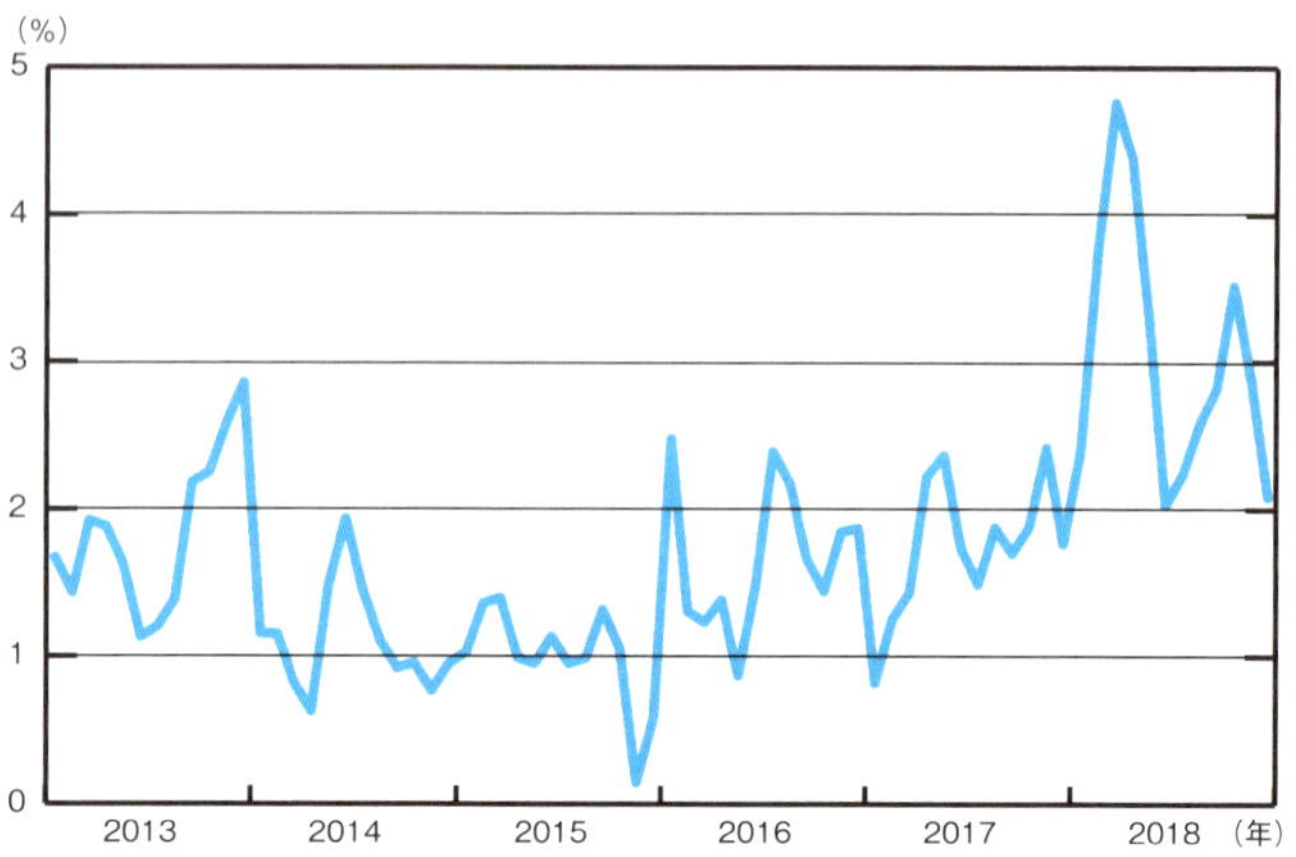


（資料）労働力調査

## 増えたのは就労者数で、女性の非正規雇用が増加

総雇用者所得が増加している主たる原因は、就業者数が増加していることである。

この状況を労働力調査で見ると、以下のとおりだ。

まず、就業者数の対前年伸び率が2018年に急に上昇した。

65歳以上はもともと伸び率が高かった。

18年に大きな変化が見られたのは、図表4-5に示すように「女性」だ。それまで対前年比1・5〜2％の増加だったのが、2％を超える高い伸びになった。

これが、18年に雇用者総所得の伸び率が急に高まった原因である。

図表 4-6 正規・非正規就業者の対前年伸び率

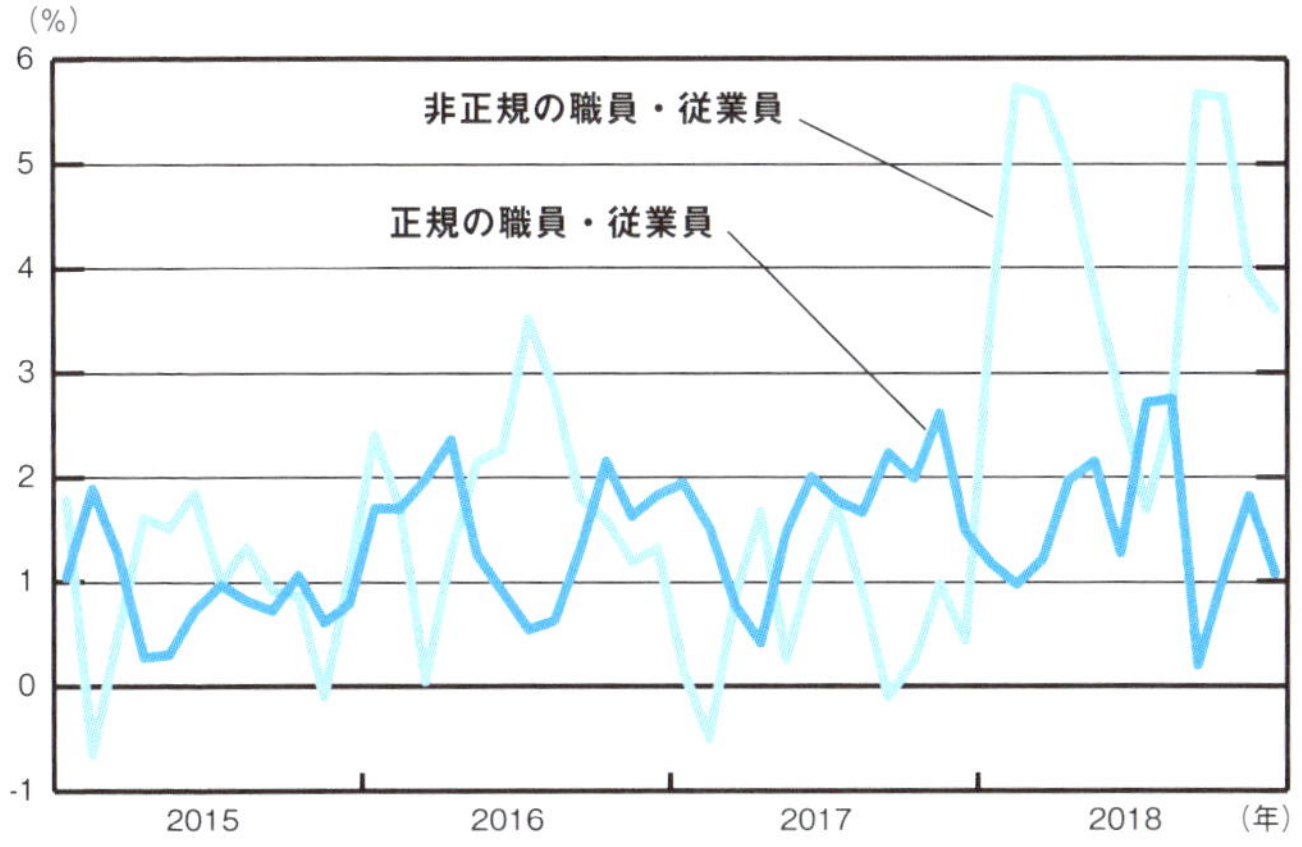


(資料)労働力調査

## 女性の就業者が急に増えたのは配偶者特別控除の拡充のため

就業者数の伸び率が高まったことで、賃金にどのような影響を与えるかを見るために、正規・非正規の区別で見よう。

図表４－６に示されているように、増えたのは非正規である。

正規と非正規で２０１５年以降、伸び率に傾向的な差は見られなかったが、18年には非正規の就業率が顕著に上回った。

このように、18年は他の年に比べて、女性の就業者と非正規就業者が急に増えたのである（これらは重なっている。つまり、女性の非正規就業者が増えたのだ）。

ところが、この賃金は、平均より低い。したがって、平均賃金が下落したのである。

女性の就業者が18年に急に増えたのはなぜだろうか？

これは、配偶者特別控除の改正によると考えられる。

所得税において、配偶者の収入が１０３万円以下の場合は「配偶者控除」が適用され、１０３万～１５０万円の場合は「配偶者特別控除」が適用される。

「配偶者特別控除」は、配偶者控除が受けられる人と受けられない人の差が、急に生じてしまうことを補正するための控除だ。

「配偶者控除」は控除額が38万円だが、「配偶者特別控除」は、配偶者の収入が上がるほど控除額が減っていき、上限額を超えると控除額が０円になる（控除を受ける納税者の年収が９００万円以下の場合）。

18年分からは、控除を受けられる上限が年収２０１万円までに引き上げられ、「１０３万～１５０万円」の範囲の「配偶者特別控除」の金額が、配偶者控除と同じ「38万円」になることとされた。これまで「１０３万円の壁」と言われていたものが、「１５０万円の壁」になったのである。

この措置は、女性の雇用を促進したと考えられる。

ただし、38万円の特別控除が受けられるのは年収が１５０万円までであるし、年収２０１万円超は特別控除がゼロになるので、この措置が促進したのは、パートなどの非正規雇用だったと考えられる。

これが、女性就業率の上昇をもたらしたのだ。そして、これは賃金の低い非正規雇用を増加させたために、平均賃金を押し下げたのである。これが重要なことである。

なお、女性就業者数の伸び率の高まりは、今後、施策がさらに拡充されなければ、18年の1回限りの現象であることに注意する必要がある。

## 実質消費が増えないことこそがアベノミクスの問題

賃金が上昇しなくとも、賃金所得の総額は増えたのだから、マクロで見た消費の総額は増えてしかるべきだ。ところが、GDP統計を見ると、そうなっていないのである。

実質家計消費支出の対前年同期比を2018年について見ると、1〜3月期で0・33%の増、4〜6月期で0・0001%の減、7〜9月期で0・6%の増と、ほとんど前年と変わっていない。

中期的に見ると、14年4月の消費税増税の前に駆け込み需要で増え、増税後にその反動で減ったという変化があっただけで、ほとんど変わらない。それどころか、18年7〜9月期を13年の7〜9月期と比べると、0・43%の減少となっている。

問題は、このように実質消費がほとんど増えていない（あるいは減少している）ということなのだ。

なぜこうなるのか？

「この数年は賃金が上昇しないから、配偶者特別控除の引き上げに対応して、女性が働きに出た。しかし、やはり十分な所得が得られないので、消費を増やさず、貯蓄を増やした」ということが考えられる。

いまひとつ考えられるのは、非正規就業者は世帯主の配偶者とは限らず、世帯主自身が非正規就業者になっている場合があることだ。従来は正規従業者であった世帯主が非正規になった場合には、世帯の収入はむしろ減ることになる（実際、後で述べるように、世帯主の収入の伸び率は低い）。

なお、世帯主も配偶者も正規という世帯もあるだろう。そのような世帯の収入は多い。しかし、他方で、世帯主も配偶者も非正規という世帯もあるのだ。そうした世帯の収入は少ない。これが現実の姿であるとすれば、世帯間の収入格差は、平均値で見る正規・非正規の収入の差より大きいわけだ。

## 世帯主の収入が伸びないので配偶者が働く

家計調査によれば、２人以上の世帯のうち、勤労者世帯の１カ月当たりの経常収入は、第二次安倍政権が始まった２０１２年から18年の間に７・８％増加したが、世帯主の収入は３・８％

増加したにすぎない。それに対して、世帯主の配偶者の収入は22・２％増加した。

このことは、前項で述べたような姿（世帯主にも非正規がいる）が現実的であることを示唆している。

世帯主の収入の伸びが３％程度しかないので、主婦がパートで働く。しかし、低賃金だから、貯蓄が増えるだけで消費は増えない。

家計の状況は好転していないから、消費が増加しないのである。そして、このことこそが、日本経済の最大の問題であり、アベノミクスが効果をもたらしていないことの何よりの証拠だ。

この点をこそ、問題にすべきである。

# 3 家計消費の伸び悩みと売り上げ減の悪循環

## 消費停滞が賃金低迷をもたらす

これまで述べたような事情で賃金が上がらず、したがって消費が増えない。消費が増えないことの影響は、とくに小売業の売り上げに影響を与えた。そして、売り上げが伸びないために、第2章で見たように、人員削減が行なわれる。

ところが小売業には零細企業が多く、もともと低賃金なので、そこから放出された労働力が、他産業に低賃金労働者として供給される。こうして、売り上げ減→低賃金労働の供給→平均賃金低迷→消費停滞という悪循環を引き起こすことになる。これをまとめれば、図表4－7のようになる。

賃金の伸び悩みが消費の停滞を招いていることは、しばしば指摘される。ただ、問題はそれだけではない。

### 図表 4-7 日本経済が陥っている悪循環と新しい二重構造

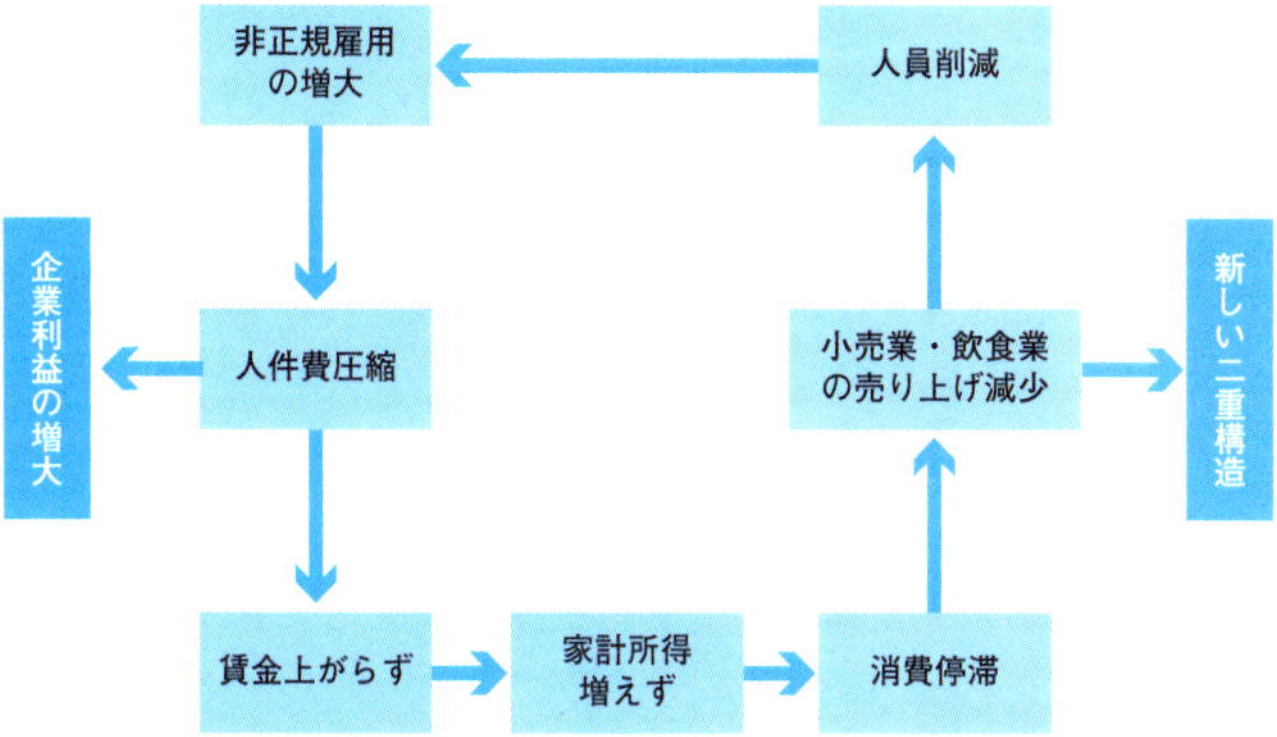


これまで指摘してきたメカニズムによって、消費の停滞が賃金の停滞をもたらしているのである。これが本書の分析で見いだしたことであり、これまで意識されていなかった重要なメカニズムだ。

アベノミクスによって「経済の好循環が生じている」と言われることがあるが、実際に起きているのは、まったく逆のことである。低賃金と消費停滞の悪循環が生じているのだ。

日本銀行は、物価上昇率を高めることを政策目標にしている。しかし、これは、経済に対して抑圧的に働くことに注意が必要だ。名目賃金が抑えられている状況では、物価上昇は実質賃金の伸びを低下させ、それによって消費の伸びが低下する。

それだけではなく、図表4－7の悪循環を促進している。第1章で見たように、非製造業の利益増加率が製造業より低くなるのは、総原価の伸び率が高いからだ。これは、原材料価格高騰の影響と考えられる。原材料価格上昇は、とりわけ飲食業において顕著に生じており、それがこの業種での人員削減の大きな原因となっていると考えられるのである。

この意味で、物価上昇は悪循環を加速させる。

## 小売業とサービス業の売り上げ減少はGDPの家計消費停滞と表裏一体

２０１８年1～3月期の売上高を見ると、小売業が約40兆円、サービス業（集約）が約39兆円だ。これらの計は約79兆円であり、年間で約３１６兆円になる。

小売業やサービス業の売り上げの中には大企業に対するものもあるが、多くは家計に対するものである。したがって、小売業とサービス業の売り上げの計が、GDP統計における家計消費とほぼ同じ大きさになるはずだ。

実際、GDP統計における家計最終消費支出は、17年で２９５兆円であり、ほぼ小売業とサービス業の売り上げの計に等しい。

家計最終消費支出は、GDPの支出項目の中で最大のものだ。だから、GDPの動向は、小売業とサービス業の売り上げの動向とほぼ同じだ。

日本の経済成長率が低い大きな原因は、消費が増えないことだ。それは、小売業とサービス業の売り上げが伸びないということと表裏一体の関係にある（なお、詳しく見ると、小売業の売り上げは減り、サービス業の売り上げは増えているので、消費の構造は変化している）。

では、なぜ消費が伸びないのか？　それは賃金が上がらないからだ。

なぜ賃金が増えないのか？　それは、小売業とサービス業が減量経営をしているため、労働力が放出されるからだ。そして、これが大企業の非正規労働者の供給源になるからである。

そして、消費が伸びないために、小売業とサービス業の売り上げが伸びず、減量経営を余儀なくされる。

以上のような理解が正しいとすれば、現在の日本は、消費減と賃金の伸び悩みの悪循環に陥っていることになる。

# 4 高齢者世帯の生活保護が20年後に4倍になる可能性

## 世帯主の約1割が非正規

非正規雇用が増えていることはよく知られている。

では、世帯主が非正規である世帯はどの程度あるか？

これを直接に示す統計はないが、労働力調査における男女別の統計で、おおまかな状況が分かる。

男の非正規労働者の比率を年齢別階層で見ると、つぎのとおりだ（2019年4月）。

25〜34歳が14・3％、35〜45歳が9・4％、45〜54歳が9・1％。

男が世帯主とは限らないが、実際にはそういう場合が多いだろう。そこで、男が世帯主だと仮定すると、勤労者の世帯主の約1割が非正規ということになる。

非正規の増加は、日本経済の停滞によって引き起こされた必然的な現象だ。

**図表4-8 非正規雇用率の推移（男性）**

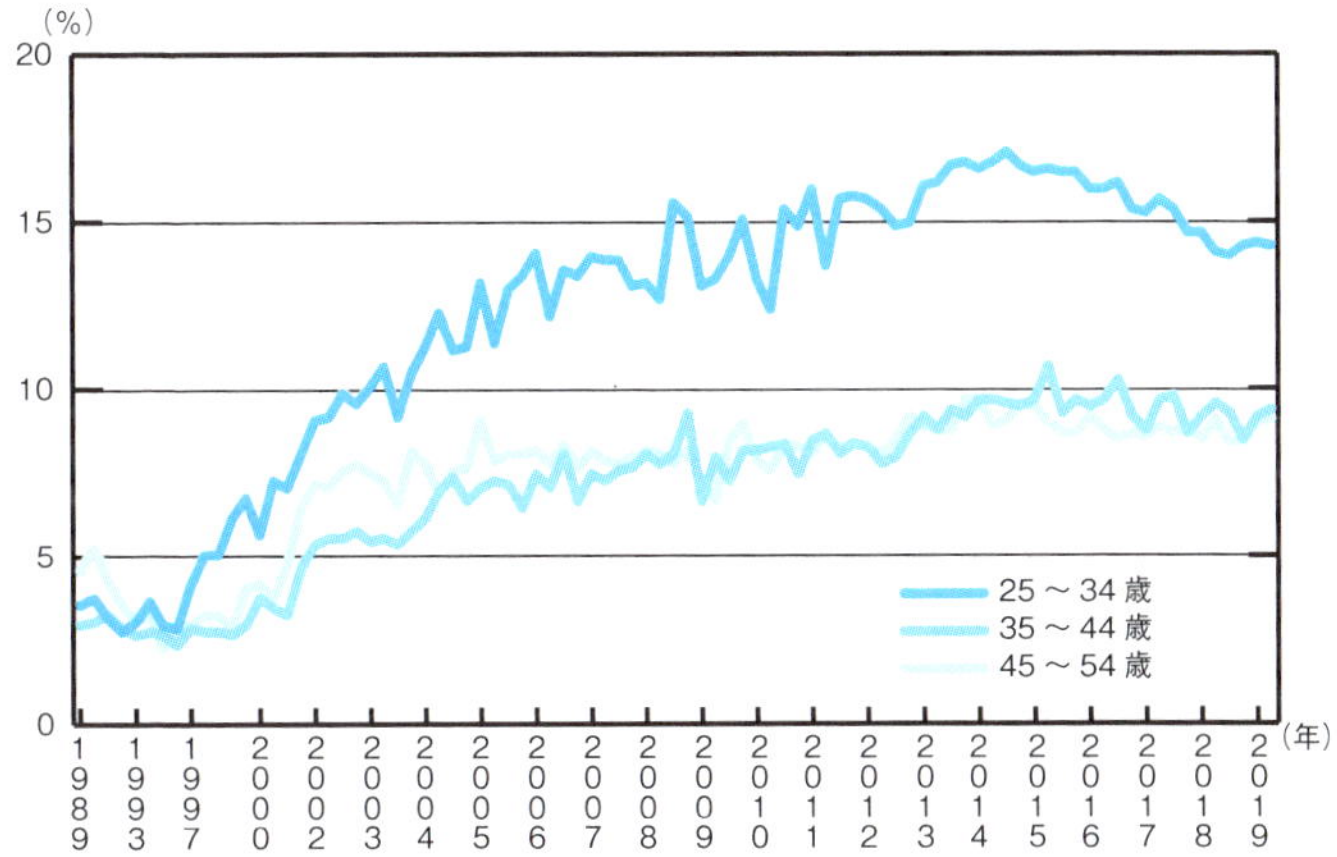


（資料）労働力調査

それを確かめるため、男の年齢別非正規比率を時系列で見ると、図表４－８のとおりだ。

非正規比率は、１９９０年代の前半までは、どの年齢階層もほぼ２～３%の範囲だった。ところが、96年から25～34歳が４%を超えた。２００２年頃以降は、どの年齢階層も５%を超えるようになった。

そして、03年からは、25～34歳では10%を超えたのだ。

アベノミクスの期間である13年以降は、35～44歳層、45～54歳層の悪化が目立つ。

なお、55歳以上の非正規率は、もっと高くなっている。ただし、このうちかなりの部分は、再雇用されたときに非正規になった人々であり、その前には正規雇用だった可能性が高い。

## 退職金にも年金にも頼れず、２０４０年頃に問題が顕在化

日本では、これまで退職金が老後資金として重要な役割を果たしてきた。

厚生労働省の「就労条件総合調査」によると、大学卒の退職一時金は２０００万円程度だ。「老後に２０００万円必要」という金融庁の報告書が２０１９年に話題になったが、これを見ると、多くの人が退職金でその条件をクリアできるように思える。

ただし、それは正規雇用者の場合だ。非正規だと、ほとんどの場合に退職金はないだろう。

正規と非正規の間には、賃金格差がある。ただし、それは「多いか、少ないか」という「程度の問題」だ。退職金の場合には、「それで老後資金が賄えるか、あるいはゼロか」という問題だ。

これは、極めて大きな格差だ。

ところで、年金財政を現実的な経済前提の下で推計すると、収支が悪化し、積立金が将来ゼロになる可能性が高い。これに対処するため、２０４０年頃に、基礎年金を含めた年金の支給開始年齢が、すべての年齢階層で65歳から70歳になる可能性がある。そうなれば、非正規雇用の人が受け取る年金も、現在より減る。

これまでの日本の高齢者世代は、日本経済が順調な成長を続けていたときに働いていた。非正規が少なく、年金に守られ、かつ、かなりの額の退職金を支給された。このようなシステムが崩壊している。

そして、それがもたらす問題が、40年頃に一挙に顕在化するのだ。

## 高齢者世帯の保護率は４倍増で１割を超える

現在、世帯主が非正規雇用の世帯は、このままいけば、高齢者になったときに生活保護になる可能性が高い。

では、その数はどの程度になるか？

これを推計するために、生活保護の現在の状況を見ると、つぎのとおりだ。

２０１７年２月で、生活保護受給者数は２１４万人。被保護人員のうち45・５％は65歳以上の者だ（保護率２・89％）。

生活保護受給世帯数は約１６４万世帯。うち83万世帯が高齢者世帯（男女とも65歳以上の世帯）だ。

つまり、生活保護全体の中で、高齢者が約半分の比率を占めている。

では、高齢者の保護率は、今後、どの程度まで上昇するだろうか？

65歳以上の保護率は、図表４－８を参照すれば、１９９０年代頃までの非正規比率とほぼ同じであることが分かる。

つまり、「ある時点での男の非正規比率が、30年程度後の高齢者世帯の保護率になる」と考えることができる。

そうであるとすれば、将来の高齢者世帯の保護率は、現在の25～54歳程度の年齢層の非正規率になると考えてよいだろう。

前述した労働力調査の数字（14・3％、9・4％、9・1％）を平均すれば、10・9％になる。現在の2・89％から10・9％になるので、3・8倍になる。丸めていえば、4倍近くになるということだ。

現状の3％の保護率という数字は、「例外的」といってよいものだ。現在では、生活保護を受ける高齢者世帯は、全体から見れば「例外的」なのだ。

しかし、1割を超える保護率は例外的とはいえない。それは「普通のこと」というべきだ。将来の日本社会では、高齢者が生活保護を受けるのが「普通のこと」になるわけだ。社会の構造は、現在とは異質のものになると考えざるを得ない。

仮に1人当たりの支給額が高齢者もその他も同じだと仮定し、高齢者以外の生活保護率は現在と変わらないとすれば、これによって、生活保護費の総額は約2・5倍に増加するはずである。

ところで、18年5月、内閣府と厚生労働省、財務省が合同で、40年度の社会保障給付費を推計している。

それによると、医療は18年度の39兆2０００億円から68兆5０００億円に増え、介護は

10兆7000億円から25兆8000億円に増加する。GDP（国内総生産）比は、18年から40年の間に医療が7・0％から8・7％に、介護が1・9％から3・3％に上昇する。

ところが、生活保護などを含む「その他」は、18年度のGDP比1・2％が40年度も不変としているのだ。

とてもこれでは済まないだろう。

## 消費税率を13％にする必要がある

生活保護の場合には、年金と違って、保険料を上げたり、給付水準を削減したりすることによって財政を調整することができない。また、医療費や介護費のように保険料を上げたり、自己負担を増加したりすることによって調整することもできない。

税負担の引き上げが不可避だ。その中で重要な役割を果たすべきは消費税だ。

現在の生活保護費負担金（事業費ベース）は3・8兆円である。

これが2・5倍になれば、5・7兆円程度の財源手当が必要だ。

消費税の税率を1％ポイント引き上げれば、2・1兆円程度の税収が入るといわれる。したがって、2040年頃の生活保護世帯の増加に対応するために、消費税の税率を3％ポイント近く引き上げる必要がある。

なお、消費税だけでなく、法人税の増税も必要だ。所得税の増税も考えなければならないかもしれない。

政府は、今秋から社会保障の論議を始める。以上で述べた問題は、社会保障改革でぜひ検討しなければならないものだ。

# 第5章

# 日本の将来を担う産業は何か?

# 3つのステップで日米経済構造の違いを理解しよう

**1 疑問を持とう** **日本経済の将来をどのような産業に託したらよいか？**

日本は長期的な経済停滞から脱却できません。半導体産業や液晶産業などの不調が報道されています。ところが、アメリカ経済は成長を続けています。何が違うのでしょうか？　日本経済が停滞から脱却するには、どうしたらよいのでしょうか？

**2 仮説を立てよう** **アメリカ経済が好調なのは、新しい産業が成長しているから**

日本が停滞から脱却できないのは、新しい産業が登場しないからです。つまり、日米の経済には、構造的な違いがあります。

**3 データで確かめてみよう** **アメリカでは製造業の就業者が減っている**

産業別就業者や賃金の動向を見ることによって、日米経済構造の違いを理解できます。このためには、日本の統計だけでなく、アメリカの統計を見る必要があります。

ポイント図表

## 図表5-5 アメリカにおける高度サービス産業と製造業の就業者の推移

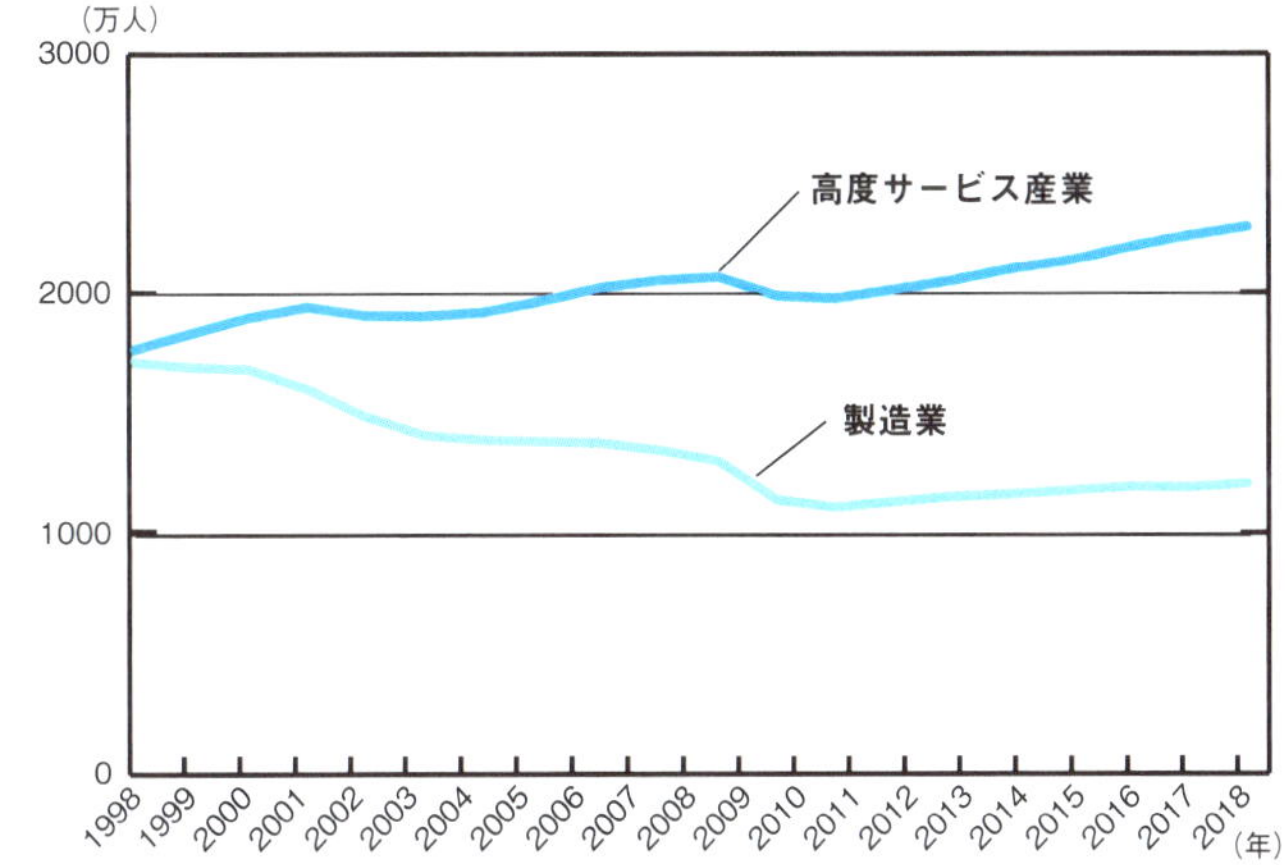


（資料）BEA, *National Income and Product Accounts*

**アメリカで、高度サービス産業は目覚ましい成長**を続けています。ここには、情報関連、ファイナンス、専門的、科学・技術的サービスなどが含まれます。

1990年代の末には、高度サービス産業と製造業の就業者数はほぼ同じだったのですが、中国の工業化などによって製造業が先進国から新興国に移行したため、製造業の就業者が顕著に減少しました。その半面で高度サービス産業の就業者は増加を続け、現在では製造業の就業者の2倍近くになっています。

**グラフを自分で描いてみよう**

図表5-5のデータと、それをグラフに描く方法の説明が、サポートページにあります。下のQRコードをスマートフォンのカメラで認識させて、開いてください。

日本の製造業は衰退している。日本経済の将来を担うべき高度サービス産業は、まだ規模が小さい。アメリカでは高度サービス産業が急成長し、これが経済を牽引している。

# 1 製造業は2010年代から「ゼロ成長産業」

## 今回の景気拡大期に製造業の売上高は「ゼロ成長」

第1章で見たように、2000年代の景気拡大期には、輸出の増加によって、鉱工業生産が増加した。製造業企業の売り上げも大きく増加し、それが営業利益を増加させた。

ところが、今回の12年末からの景気拡大期では、製造業企業の売り上げはほぼ不変だった。日本の製造業は、量的拡大がないゼロ成長の体質になったのだ。

利益が、為替レートによって変動するだけだ。それも、長期的には平均化されて、ゼロ成長になる。今回の景気拡大で製造業企業の営業利益が著しく増加したのは、原油価格下落の恩恵と人件費の圧縮による。

以下では、この過程を分析し、それに基づいて将来を展望する。

## アベノミクスが企業利益を増加させたわけではない

リーマンショック以降の日本の景気変動を振り返ってみよう。

リーマンショックで輸出が急減して、経済が落ち込んだ。その後、中国への輸出増によって、日本の景気は回復した。

しかし、ユーロ危機に起因する円高によって、２０１２年を境に景気後退期に入った。ところが、12年央からユーロ危機が解消されて円安になった。

円安になったのがアベノミクスのためでないことは、安倍内閣が発足する以前の12年夏から円安が始まっていたことを見れば明らかだ。

16年には円高が進行した（16年１月の１ドル＝１２０円程度から、9月の１０１円程度まで）。この影響だけを考えれば、企業利益が減少し、景気は後退期に入っていたはずである。そうならずに景気拡大が続いたのは、第１章で述べたように、原油価格の下落というボーナスがあったからだ。

17年からは、トランプ大統領選出に起因する円安によって、景気拡大を経験した。

以上の過程で重要なのは、アベノミクスが企業利益を増加させたのではないことだ。

しばしば、「アベノミクスによって企業の利益が増大した」と言われる。しかし、これまで見たように、製造業企業の利益は、為替レートや原油価格という世界経済の影響で変動しただけである。

問題は、原油価格の下落が企業利益を増加させるにとどまってしまい、家計に還元されなかったことだ。この問題については、第1章で述べた。

## 今後、製造業が成長する要因は見当たらない

以上から得られる結論は、つぎのとおりだ。

①日本の製造業は、ゼロ成長の体質になっている。今回の景気拡大期に利益が増加したのは、原油価格の下落と人件費の圧縮のためだ。

②ただし、短期的には、利益は変動する。これは、為替レートの変化によってもたらされるものだ。

将来を見通すと、つぎのことが言える。

（a）製造業が今後、傾向的に成長する要因は、見当たらない。つまり、鉱工業生産指数や製造業の売上高が傾向的に増えたり、就業員数が増えたりすることはないだろう。

（b）2017年以降、輸出が増えたが、今後を見ると、米中貿易戦争の影響によって円高が

進み、企業利益は減少するだろう。

（C）原油価格が再び下落することがなければ、製造業の企業利益が増加することはない。

# 2 日本の半導体産業が衰退した基本的原因は何か

## １９８０年代には世界を制覇した日本の半導体産業

１９８０年代には、日本の半導体産業は世界のトップにあり、生産額で世界の約半分のシェアを占めた。とくに重要なのが70年代から生産が始まった大型コンピュータ用のＤＲＡＭ（Dynamic Random Access Memory）の生産だった。

ところが、その後、日本の立ち遅れが目立つようになった。

まず、ＤＲＡＭはＰＣ（パソコン）用が増加し、性能が低くとも価格が安いものが求められるようになった。韓国のサムスン電子は大規模な設備投資でコストを引き下げ、シェアを拡大した。他方で、アメリカのインテルはＣＰＵ（中央演算処理装置）に進出した。

こうした変化に日本のメーカーは対応できず、シェアが下がってきた。そして、90年代後半からは、半導体メーカーの再編成が始まった。

2002年11月には日本電気（NEC）からNECエレクトロニクスが設立され、03年4月に日立製作所と三菱電機からルネサス テクノロジが設立された。10年4月にNECエレクトロニクスとルネサス テクノロジとの経営統合によって、ルネサス エレクトロニクスが設立された。同社は赤字に苦しんだが、13年9月に官民ファンドのINCJ（旧産業革新機構）や自動車メーカーが出資した。

しかし、その後も成績は芳しくなく、10年に4万6000人いた従業員数は、現在は約2万人にまで減っている。19年5月には、国内外の13工場で異例の長期生産停止に踏み切った。

他方、DRAMとは別の記憶用半導体である「フラッシュメモリー」を手掛ける東芝子会社の東芝メモリは、米投資ファンドを中心とする日米韓連合の傘下となった。

1980年代後半には50％を超え、90年に49％であった日本企業のIC（集積回路）市場シェアは、2017年には7％まで低下した。

## 情報分野での基礎研究力がなかったことが問題

なぜこのようなことになってしまったのか？

しばしば指摘されるのは、次の2点だ。

第1は、技術の流出だ。サムスンは、高給で日本企業の技術者を引き抜き、あるいは週末に秘密裏に韓国へ呼び寄せるなどして、技術を盗んだと言われる。

第2は、日本の経営者がサムスンのような大規模投資を決断できなかったことだ。

こうした問題は確かにあったのだろう。しかし、それが日本の半導体産業衰退の基本的な原因だったのかと言えば、大いに疑問だ。

仮に、技術流出が起こらず、また日本の経営者の果敢な決断によって、日本が低価格DRAMに舵《かじ》を切れたとしよう。仮にそうなったとしても、その後の日本の半導体産業の発展に寄与しただろうか？

DRAMはそれほど高度の技術を必要とする製品ではないので、新興国の低価格製品はいずれ現れただろう。そうなれば、日本の半導体産業は、それらとの価格競争によって、疲弊してしまっただろう。

事実、こうしたことは、その後、液晶について起こった。液晶だけでなく、製造業の多くの分野で、製品がコモディティ化し、価格競争が激化した。

日本の半導体産業の本当の問題は、CPUのような高度な技術が必要とされる製品に移行できなかったことだ。なぜなら、付加価値が高いのは、DRAMではなくCPUだからである。

インテルは技術力によってCPUの生産を独占した。そして、マイクロソフトのOS（Operating System）との組み合わせによって、後にウィンテル体制と呼ばれるものを築いて、PC産業を制覇したのである。

では、日本の半導体メーカーは、なぜCPUの生産に移行できなかったのか？　それは、基礎開発力が十分でなかったからだ。

半導体は「科学産業」と呼ばれた。1980年代頃までの日本には、半導体分野での基礎開発力があった。ところが、技術の中心がモノや材料から情報にシフトしてくるにつれて、対応できなくなったのだ。CPUで重要なのは、半導体チップそのものではなく、そこに書き込まれた計算回路というソフトウェアなのである。

同じようなことは、他の分野でも起きた。例えば、カメラだ。フィルムカメラからデジタルカメラに移行した段階では、日本のカメラメーカーは対応できた。しかし、その後、スマートフォンが現れ、いまや重要なのは、AIの画像認識機能をスマートフォンで提供することになりつつある。つまり、レンズという「眼」よりは、その後ろにあって画像情報を処理する「脳」が必要になってきているのである。この分野で、日本の基礎開発力は、著しく遅れている。

結局、日本の半導体産業が90年代以降の世界の潮流に立ち遅れた基本的な原因は、新しいものを生み出す力が欠けていたこと、とりわけ、情報に関連した分野でそれが決定的に欠けていたことだ。

## 成長しないと新しいことができないのか？

新しい技術は企業からも生み出されるが、それだけでは十分でない。大学における基礎研究が重要な意味を持っている。

アメリカの大学は、１９８０年代にアメリカの産業が弱くなった時代においても強かった。時代の変化に応じて、大学の研究・教育体制が再編成され、中身が変わっていったのが重要だ。それがインテルを生んだ源泉であり、その後のＩＴ革命やＡＩを切り拓いていく源泉になった。

では、日本はどうだったか？ 80年代に半導体産業が世界制覇したときには、それに関連した学問の世界でも、日本は強かったのである。半導体に関する国際学会では、日本の学者が世界をリードした。

ただし、そうした状態を継続することができなかったのだ。その後、日本の研究能力は落ちた。

例えば、論文数の世界ランキングを見よう。全米科学財団（National Science Foundation：ＮＳＦ）が、世界の科学技術の動向をまとめた報告書 *Science and Engineering Indicators 2018* によると、２０１６年の論文数世界ランキングで、第１位は中国だ。以下、アメリカ、インド、ドイツ、イギリス、日本の順になっている。論文総数が減少傾向にある国は日本だけで、凋落《ちょうらく》ぶりが目立つ。

*U.S. News & World Report* 誌が、分野別の世界の大学ランキングを作成している。19年版のコンピュータサイエンスの分野を見ると、世界1位は中国の清華大学だ。以下、南洋理工大学（シンガポール）、テキサス大学オースティン校（アメリカ）、シンガポール国立大学（シンガポール）と続く。日本の第1位は東京大学だが、世界のランキングでは135位だ。

こうした指標を見ても、最先端分野で日本の大学が世界の進歩に立ち遅れてしまっていることが分かる。

日本の大学が最先端分野で立ち遅れるのは、社会の変化に応じて研究・教育体制を再構成していくことができなかったからである。

高度経済成長期には、それができた。日本経済が全体として成長したために、大学に新しい学部や学科（とくに理工関係のもの）を新設できたのだ。それが、日本の半導体産業の基礎になった。

ところが、低成長時代になると、新しい学部・学科を作るためには、スクラップ・アンド・ビルドが必要になる。しかし、これは難しいことだ。こうして、成長が止まると、大学の再構成ができなくなる。そのために社会が要請する分野の研究ができず、経済が成長しない。このようにして、悪循環に陥る。

経済規模が拡大しない社会で、大学の構成を変化させていくには、どうしたらよいか？　そのために、どのような仕組みを作ればよいのか？

これは大変難しい課題である。しかし、われわれは、その答えを見いだしていかなければならない。

# 3 日本の劣化が目立つ液晶産業

## 危機的状況にある日本のお家芸技術

日本の劣化を告げるニュースが相次いでいる。「日の丸半導体」であるルネサス エレクトロニクスが工場の生産停止をするのに続いて、「日の丸液晶プロジェクト」であるジャパンディスプレイ（ＪＤＩ）が危機的な状態になった。

これはソニー、東芝、日立が進めていた液晶画面事業を合体して２０１２年に作られた組織だ。経済産業省主導の産業革新機構が２０００億円を出資し、国策再生プロジェクトとしてスタートさせた。中小型液晶パネルを生産している。

その経営が行き詰まった。19年5月に発表された18年度の連結業績では、売上高は前年度比11・3％減で、営業損益や当期純利益はマイナスだった。自己資本比率は0・9％と債務超過寸前だ。

4月末には、台湾のパネルメーカーや中国の投資ファンドなどで構成される台中3社連合から、800億円の金融支援を受けることで合意した。

しかし、この先行きが不透明だ。合意後にもかかわらず、支援の手続きが進まないのは、JDIの主力であるスマートフォン向けパネルの事業環境が悪化しているためだ。

液晶は、半導体と並んで、日本の強さの象徴であり、お家芸の技術とされていたものだ。それがこのような状態になっている。

JDIの問題は、官主導経営の失敗だと批判されることが多い。官主導の再建に問題があることは間違いない。実際、官主導ファンドがこれまで手がけた再生プロジェクトで、大きく成功した例はない。

企業救済を目的とする官製ファンドとしては、03年に経済産業省が主導して産業再生機構が作られた。09年には、産業革新機構が設立され、将来性がある企業や企業の重複事業をまとめることによって革新をもたらすとされた。しかし再生させることはできなかった。

## 基礎開発力の落ち込みが競争力低下の原因

いま必要なのは、製造業の世界的な構造変化に対応することだ。数社の事業を統合して重複を除くというようなことではない。こうしたことでは対応できないほど、世界の製造業の基本構造が変わったからだ。

それにもかかわらず、官庁が指導して決める再建は、これまでの日本的ビジネスモデルと産業構造の維持を目的にしてきた。だから、変革が実現できるはずはない。このような体制が、日本の産業構造の変革を阻んできたと言える。

半導体事業や液晶事業不振の基本的な原因は、日本のメーカーの新製品開発能力が低下し、競争力のある製品を作り出せなくなったことだ。

ＪＤＩの売上高も、２０１６年までは、iPhone の出荷台数の成長と共に増大していた。ところが、16年以降、iPhone の出荷台数の成長が止まり、さらに iPhone がパネルに有機ＥＬを採用し始めた。しかし、ＪＤＩは有機ＥＬの準備がまったくできていなかった。こうしたことの結果、16年をピークに売上高が激減したのだ。

エルピーダメモリの場合も、ＤＲＡＭはもともと付加価値の低い製品だった。半導体では、経営者が大規模投資を決断できなかったことがその後の不振の原因と言われるのだが、液晶の場合には、大規模な投資をした。とくにシャープがそうで、「世界の亀山モデル」と言われる垂直統合モデルを展開した。しかし、結局は台湾の鴻海《ホンハイ》の傘下に入った。厳重な情報管理をして液晶の技術を守るとしていたのだが、いまになってみれば、液晶はコモディティでしかなかったのだ。こうした経緯を見ても、基礎開発力こそ重要であることが痛感される。

本章の2では全米科学財団の調査を見たが、同様のことを19年版の科学技術白書が指摘している。同白書は、基礎研究の現状の分析を行ない、日本の国際的地位が低下していることに危惧を表明した。日本の論文数は04～06年にはアメリカに次ぐ2位だったが、14～16年には中国とドイツに抜かれて4位になった。重要な論文の数では、04～06年には世界第4位だったが、中国やイタリア、フランスなどに抜かれて9位に落ちた。

同じような傾向が、スイスのビジネススクールIMDが発表する「世界競争力ランキング」にも見られる。2019年版では、日本の総合順位は前年から5位下がり、30位になった。首位はシンガポール、以下、香港、アメリカと続く。アジアでは、中国（14位）、台湾（16位）、マレーシア（22位）、タイ（25位）、韓国（28位）が日本より上位だ。

2019年9月、Times Higher Education 社（THE）が、世界大学ランキング2020を公開した。1位がオックスフォード大学、3位がケンブリッジ大学、4位がスタンフォード大学だった。アジアでは、中国の清華大学が23位、北京大学が24位になった。

こうした中で、東京大学は36位だ。京都大学は65位だった。

## 議論が行なわれるべきだが、国民に危機感がない

このように、日本の劣化は目を覆わんばかりだ。この現状をどうしたらよいのか。本当は、真剣な議論が行なわれるべきだ。

しかし、いまの政権に、基本的な経済政策を議論する意図はまったくない。アベノミクスの3番目の矢と言われた「成長戦略」も、最近は言われなくなった。

政府にその気がないなら、野党やマスメディアが政策論争を提起すべきだ。しかし、そこからも政策論争の火蓋《ひぶた》は切られていない。

こうなってしまう基本的な理由は、多くの国民が、いまの日本の状況に対して危機感を持っていないからだろう。もちろん、危機感を持っただけで事態がよくなるわけではない。しかし、変える必要があるという意識が高まらなければ、現実が変わるはずはない。

日本は成長を目指して世界の経済大国としてとどまることを目指すのでなく、北欧諸国のように「住みやすい国」になればよい、という議論がある。自然を大事にして、一人一人が幸福を味わえるような国になるべきだというのだ。

しかし、日本は、人口が数百万人の国とはまったく違う。それに、北欧には、ノキアやエリ

クソンなど、世界を制覇する技術をもった企業がある。

日本は、平成の30年間、眠り続けた。いまに至るまで眠っていると考えざるを得ない。いまこの瞬間にも、世界との距離は拡大しつつある。

# 4 日本の自動車産業の強さは将来も続くか？

## 海外需要に支えられる自動車産業

日本の半導体産業や液晶産業の不調が目立つ一方で、自動車産業は好調だ。現在の日本の製造業の中心が自動車産業であることは間違いない。

法人企業統計調査によって自動車・同付属品製造業の状況を見ると、つぎの通りだ（2019年1〜3月期の全規模の計数。括弧内は製造業に占める比率）。売上高18・8兆円（18・2％）、営業利益4902億円（11・3％）、人員計105万人（11・7％）。

13年1〜3月期から19年1〜3月期の間の売上高増加率は、製造業全体では6・3％だが、自動車・同付属品製造業では24・4％もの高さになっている。これは輸出が伸びたからだ。また、資本金1000万円以上2000万円未満の企業を見ると、製造業全体では売上高増加率はマイナス9・3％だが、自動車・同付属品製造業では63・6％もの高さになっている。

日本自動車工業会の資料では、18年4月～19年3月で、四輪車の国内生産は979万台、輸出が485万台だ。つまり、国内で生産される約半分が輸出される。

貿易統計によると、18年の輸出台数は、自動車611万台、乗用車539万台だ。輸出額は、自動車12・3兆円（15・1％）、乗用車10・9兆円（13・3％）だ（括弧内は輸出総額に占める比率）。国内需要は停滞しているが、海外需要が伸びるので輸出が伸び、そのために国内生産を維持できる。

輸出総額に占める比率は、鉄鋼（4・2％）、原動機（3・6％）、半導体等製造装置（3・3％）、半導体等電子部品（5・1％）などに比べて、かなり高い。自動車は、日本の最も重要な輸出品だ。これは、日本の自動車メーカーの国際競争力が強いことの反映だ。

1980年代には、世界の時価総額リストの上位に日本の金融機関も登場したが、いまや金融機関は脱落し、上位50社に残る日本企業は、トヨタ自動車だけになった。このリストでも、日本を代表しているのは自動車会社だ。

## 自動車産業の海外生産比率は非常に高い

日本の自動車産業は、生産の海外展開を進めている。日本自動車工業会の資料では、2018年4月~19年3月期の海外生産は1975万台だ。すでに述べたように、国内生産は979万台なので、海外生産比率（海外生産が世界生産に占める比率）は、66・9%になる。

日本の製造業全体で見た海外生産比率は、16年度で23・8%だ。自動車の海外生産比率は、これに比べて著しく高い。日本国内の需要は、世界生産の4分の1程度のウエイトしか持たないのだ。

日本の自動車産業はこのようにグローバルな産業なので、単独決算と連結決算で数字が大きく違う。トヨタ自動車の場合、19年3月期で、営業利益は、単独では1・3兆円だが、連結では2・4兆円になる。ホンダの場合、単独では10億円だが、連結では7264億円になる。

本節の最初に示した法人企業統計調査の計数は、単独決算のものだ。自動車産業が日本経済に占める比率は、連結で見ればもっと大きいことになる。

日本企業は1980年代の貿易摩擦をきっかけに、ヨーロッパやアメリカを中心に海外生産を拡大してきた。その後、新興国が工業化し、また需要先としても台頭してきたため、新興国での生産も増大した。自動車の場合には、貿易摩擦との関係があるので、先進国での生産比率が高い。この点は、コスト削減を主たる目的として新興国で生産が進んだ他の業種との違いだ。

海外生産比率が高いので、自動車産業の成長は、必ずしも日本国内の雇用を増やすわけではない。また、設備投資の多くも海外で行なわれる。研究開発は本国でというのがこれまでのパタンだったが、研究開発の重点が自動運転のためのＡＩ（人工知能）にシフトしていくと、これも海外に出て行ってしまうかもしれない。また、部品メーカーには中小企業も多いが、それらがどの程度、現地生産についていけるかという問題もある。

自動車産業の活動は、世界情勢の変化によって大きな影響を受ける。とくに最近では、トランプ米大統領の関税政策によって、少なからぬ影響を受けている。同大統領の支持基盤といわれる「ラストベルト」は、かつてのアメリカの自動車産業の中心地だ。だから、その地域での生産を取り戻すために、輸入に高関税を課すというのは十分に考えられることだ。日本との通商交渉で、関税の代わりに数量制限などを迫られる可能性もある。

２０１９年５月には、トランプ大統領はメキシコに制裁関税を課す計画を発表した。日本の自動車メーカーの多くがアメリカへの輸出生産拠点をメキシコに置いているため、影響は不可避との懸念が台頭し、日本の自動車業界に波紋が広がった。６月になって、追加関税の発動を見送ると表明されたものの、今後どうなるかは分からない。

## 日本の自動車産業が強いいくつかの理由

日本の自動車産業はなぜ強いのか？　半導体や液晶などとの違いは何なのか？　自動車生産は、日本が今後とも依存できる分野なのか？

日本の自動車産業が強いのは、製品がコモディティ化していないからである。ここで、コモディティとは、機能や品質などでの差別化ができず、価格だけが選択の基準となってしまった製品のことだ。

電気製品では、デジタル化などによって複雑な製造工程を必要としなくなったため、コモディティ化が顕著に進んだ。そして、安価な労働力で生産ができる新興国の台頭を許し、日本のメーカーのシェアが著しく低下した。

それに対して、自動車の場合には、価格はあまり低下していない。２００８年に発表されたインドのナノなどの格安自動車の例はあるが、あまり普及しなかった。

自動車がコモディティ化しない理由は、いくつかある。第１は、安全性についてかなり高い基準を要求されることだ。仮に公的な基準がなかったとしても、人々は安全性を求める。価格がいくら安くても、安全性で問題があれば、買わない。だから、価格が異常に低い自動車は普及しないのだ。

第２の理由として言われるのは、メカニカルに複雑な構造を持つ機械であるために、製造装置だけ備えればすぐに生産できるというわけではないことだ。そして、こうした複雑な製品の組み立てには、規律正しく、チームワークがとれた日本の労働体制が向いているというのである。このために、日本が競争力を維持できるのだと説明される。

確かに以上で述べた点は、自動車がコモディティ化しない理由を説明しているし、日本メーカーの国際競争力が強い説明にもなっているだろう。

しかし、つぎの諸点に留意する必要がある。

第１に、すでに述べたように、自動車の生産は世界的に展開している。だから、日本の労働者の規律正しさに、今後も依存できるわけではない。

第２に、ＥＶ（電気自動車）になれば、自動車という製品の特徴はかなり変わる。部品の生産には高度な技術が要求されるとしても、その組み立ては容易になる。したがって、現在のような垂直統合ではなく、水平分業生産方式の有利性が高まる可能性がある。

第３に、研究開発の内容が、メカニカルな分野のものから、ＡＩによる自動運転に関するものにシフトする。この分野では、グーグルの子会社であるウェイモが、実験車の走行キロなどで見て、圧倒的にリードしている。

第４に、自動運転の時代になれば、自動車を巡る環境は一変する。ライドシェアリングの利用が進み、自動車は保有するものから利用するものに変わるだろう。そうなれば、生産量が激減する可能性もある。

このように変化する条件の中で、日本の自動車産業が引き続き優位性を維持できるのかどうかは、確かではない。

## 5 成長のカギ「高度サービス産業」は日本の将来を支えられるか？

### 成長率も給与も高い情報通信や専門・技術サービス

では、日本の将来を支える産業は何か？ それは、情報通信業や学術研究、専門・技術サービス業だ。これらの産業は、現在でも成長率も給与水準も高い。ただし、日本では、まだその規模が小さい。日本の将来はこうした産業の成長にかかっている。

非製造業全体での売上高は、2013年1〜3月期から19年1〜3月期の間に17・3％増加した。その中で、図表5－1に示すように、左記の業種は、これを超える伸び率を示している。

## 図表5-1 成長率の高い非製造業

| 業種 | 2019年1～3月期における計数 | | | | 売上高増加率（%） | 1人当たり人件費（百万円） | 1人当たり人件費上昇率（%） |
|---|---|---|---|---|---|---|---|
| | 売上高（百万円） | 営業利益（百万円） | 人員計（人） | 人件費計（百万円） | | | |
| 非製造業 | 268,653,980 | 15,177,598 | 27,270,495 | 31,162,055 | 17.3 | 1.1 | 5.2 |
| 建設業 | 34,374,839 | 2,954,976 | 2,899,705 | 4,061,362 | 25.8 | 1.4 | 9.4 |
| 電気業 | 6,037,761 | 222,575 | 132,517 | 335,267 | 17.8 | 2.5 | 12.6 |
| 情報通信業 | 19,390,351 | 1,422,999 | 2,111,050 | 3,399,153 | 28.0 | 1.6 | 1.9 |
| 学術研究、専門・技術サービス業（集約） | 14,241,085 | 3,973,545 | 1,574,539 | 2,239,031 | 65.5 | 1.4 | 6.4 |
| 広告業 | 4,210,697 | 172,839 | 310,236 | 471,804 | 25.0 | 1.5 | 8.8 |
| 教育、学習支援業 | 1,023,974 | -3,112 | 323,802 | 357,920 | 50.9 | 1.1 | 7.3 |
| 医療、福祉業 | 1,248,784 | 58,515 | 638,374 | 536,049 | 37.0 | 0.8 | 0.2 |

（注）増加率は2013年１～３月から19年１～３月までのもの
（資料）法人企業統計調査

建設業　25・8％
情報通信業　28・0％
学術研究、専門・技術サービス業（集約）65・5％
広告業　25・0％
教育、学習支援業　50・9％
医療、福祉業　37・0％

中でも学術研究、専門・技術サービス業（集約）と教育、学習支援業の増加率が非常に高いことが注目される（注1）。

四半期の1人当たり人件費も、左記の業種は、非製造業の平均114万円を超える（19年1～3月期）。

建設業（140万円）、情報通信業

（161万円）、学術研究、専門・技術サービス業（集約）（142万円）、広告業（152万円）。

情報通信業と広告業は、製造業の147万円より高い値である。

給与水準が高いのは、これらの産業の生産性が高いことの反映であると考えられる。その意味で、将来の成長が期待される業種だ。これらが成長すれば日本の所得は上昇するだろう。

ここで見た業種では、小規模企業も伸びている。小売業や生活関連サービス業のように、小規模企業で売り上げが激減するという状況ではない。

より詳しく見ると、つぎのとおりだ。

広告業を除いて、売上高増加率は、小企業でも低くならない。給与水準は、企業規模が低いほど低下する場合が多いものの、資本金1000万円以上2000万円未満の企業でも、非製造業の平均114万円より、あまり大きくは下回らない。

以上の点を考えると、こうした業種は、中小企業であっても大企業とあまり変わらない事業を展開できる分野ではないかと考えられる。

（注1）「学術研究、専門・技術サービス業（集約）」「教育、学習支援業」「医療、福祉業」は、「サービス業」の中の項目である。

「学術研究、専門・技術サービス業（集約）」には、「広告業」「純粋持株会社」「その他の学術研究、専門・

技術サービス業」が含まれる。

「その他の学術研究、専門・技術サービス業」には、つぎのものが含まれる。

第1に、「学術・開発研究機関」として、自然科学研究所、人文・社会科学研究所。

第2に、「専門サービス業（他に分類されないもの）」として、法律事務所、特許事務所、公証人役場、司法書士事務所、土地家屋調査士事務所、行政書士事務所、公認会計士事務所、税理士事務所、社会保険労務士事務所、デザイン業、著述・芸術家業、経営コンサルタント業、その他の専門サービス業。

第3に、「技術サービス業（他に分類されないもの）」として、獣医業、土木建築サービス業、機械設計業、商品・非破壊検査業、計量証明業、写真業、その他の技術サービス業。

「教育、学習支援業」には、つぎのものが含まれる。

第1に、「学校教育」として、専修学校、各種学校。

第2に、「その他の教育、学習支援業」として、社会教育、職業・教育支援施設、学習塾、教養・技能教授業、他に分類されない教育、学習支援業。

## 金融業はマイナス成長だが、フィンテックで活路も

金融業は、右で見た統計には含まれていない。法人企業統計調査では、金融業は別立てになっている。

金融業では資本金10億円以上の企業が大部分を占める。人員が2019年1～3月期で135万人であり、非製造業の中でかなりの比重を占めている。給与水準も177万円と高い。全産業の中で、電気業やガス業（210万円）に次ぐ水準だ。

しかし、経常利益も人員も減っている。これは、金融緩和政策の影響が大きいと考えられる。マイナス金利政策が導入された16年1月以降の減少が目立つ。その意味では、これは短期的なものかもしれない。

ただし、長期的に見ても、大きな変化が予想される。電気業、ガス業、金融業は、これまで厳しい参入規制に保護されてきた分野である。この業種で給与水準が高くなるのは、生産性が高いためでもあろうが、参入規制の効果があったであろうことは疑いがない。

この条件は、以上で見た業種で変わりつつある。電気業、ガス業では、競争政策が導入されつつある。

金融業においては、とくにフィンテックの分野で異業種からの参入が生じようとしている。ただし一方において、これまでの金融機関もフィンテックの導入で発展し得る。そして、国際的な活動を展開することも可能だ。

## 高度サービス産業のウエイトはまだ低い

問題は、成長率が高く生産性も高いと考えられる業種の規模が、それほど大きくはないことだ。人員計で見ると、つぎのとおりだ。

建設業　２９０万人
情報通信業　２１１万人
学術研究、専門・技術サービス業（集約）　１５７万人

これらの計で６５８万人だが、これは、製造業（９０３万人）の73％でしかない。また、非製造業全体（２７２７万人）の24％でしかない。金融業、保険業の１３６万人を加えても、７９４万人であり、製造業の88％だ。

このように、日本では高度サービス産業は製造業を上回る規模の産業には成長していない。

日本で非製造業のウエイトが製造業のそれを遥かに上回っていることがよく知られている。しかし、それは生産性の高い非製造業が成長した結果もたらされたものではない。主として製造業が縮小することによってもたらされた変化だ。

非製造業のウエイトは製造業を超えたが、その大部分は、いまだに生産性の低い業種なのである。

なお、法人企業統計調査は法人形態の事業しか対象としていない。労働力調査には、法人形態以外の就業も含む。ここでは、業種別の就業者数はつぎのとおりだ。

情報通信業　２２０万人（法人企業統計調査では２１１万人）
金融業、保険業　１６３万人（法人企業統計調査では１３６万人）
学術研究、専門・技術サービス業　２３９万人（法人企業統計調査では１５７万人）
教育、学習支援業　３２１万人（法人企業統計調査では32万人）
医療、福祉　８３１万人（法人企業統計調査では64万人）

このように、とくに医療、福祉分野で、法人企業統計調査がカバーしていない就業者が多い。

この点を考慮すると、高度サービス産業の就業者が占める比率は、法人企業統計調査で見たよりも低いことになる。

高度サービス産業の比率の低さは、次節で述べるアメリカと比較した場合に、とくに目立つ。

これは、日本の産業構造の立ち遅れの象徴だ。

# 6 日米の差を象徴するアメリカの高度サービス産業

## アメリカの高度サービス就業者は製造業の2倍、賃金水準も高い

日本では、高度サービス産業は成長しつつあるが、まだ規模が小さい。就業者数で見て、製造業の規模に及ばない。

これに対してアメリカでは、高度サービス産業の就業者数が製造業の2倍近くになっている。しかも、賃金水準も成長率も高い。

さらに注目されるのは、高度サービス産業での自営業の比率が高いことだ。これは、今後の社会での「働き方」を示唆している。

以下では、この状況を見よう。

2017年のアメリカにおける高度サービス産業の就業者の状況は、図表5－2に示すとおりだ。専門的、科学・技術的サービス（Professional, scientific, and technical services）が、全就

## 図表5-2 アメリカの高度サービス産業の就業者数と全就業者中の比率(2017年)

| | 就業者数(千人) | 全就業者中の比率(%) |
|---|---|---|
| 情報 | 2,627 | 1.95 |
| ファイナンス、保険 | 6,096 | 4.52 |
| 専門的、科学・技術的サービス | 8,636 | 6.41 |
| 経営 | 2,181 | 1.62 |
| 教育 | 3,273 | 2.43 |
| 小計 | 22,813 | 16.93 |

(資料)BEA, *National Income and Product Accounts*

## 図表5-3 専門的、科学・技術的サービスの内訳(2017年)

| | 就業者数(千人) | 全就業者中の比率(%) |
|---|---|---|
| 専門的、科学・技術的サービス | 8,636 | 6.41 |
| 法律サービス | 1,092 | 0.81 |
| コンピュータのシステムデザインと関連サービス | 1,955 | 1.45 |
| その他、専門的、科学・技術的サービス | 5,590 | 4.15 |

(資料)BEA, *National Income and Product Accounts*

## 図表5-4 さまざまな業種の1人当たり年収

| | 年収（ドル） | 製造業を1とする指数 |
|---|---|---|
| 全体 | 62,745 | 0.90 |
| 建設業 | 63,414 | 0.91 |
| 製造業 | 69,437 | 1.00 |
| 卸売業 | 79,670 | 1.15 |
| 小売業 | 36,891 | 0.53 |
| 輸送業、倉庫業 | 57,936 | 0.83 |
| 情報 | 114,374 | 1.65 |
| ファイナンス、保険 | 109,600 | 1.58 |
| 不動産、賃貸、リース | 62,861 | 0.91 |
| 専門的、科学・技術的サービス | 99,354 | 1.43 |
| 経営 | 127,419 | 1.84 |
| 教育 | 47,527 | 0.68 |
| 健康ケアと援助 | 54,685 | 0.79 |

（資料）BEA, *National Income and Product Accounts*

業者の6・4％を占める。

これに、ファイナンス、保険（Finance and insurance）4・5％と情報（Information）1・9％、経営（Management of companies and enterprises）1・6％、教育（Educational services）2・4％を加えると、計は16・9％になる。

ところで、製造業（Manufacturing）の就業者の比率は9・0％だ。したがって、高度サービス産業の就業者は、この1・9倍になる。

なお、専門的、科学・技術的サービスの内訳は、図表5－3に示すとおりだ。

高度サービス産業の賃金水準は高い。図表5－4に示すとおり、製造業を1とした比率で見ると、情報が1・7、ファイナンス、保険が1・6、専門的、科学・技術的サービスが1・4、経営が1・8となっている。

なお、教育や健康サービスの賃金が低いのは、日本と同じだ。

## 2000年代以降の「最近の現象」

アメリカの高度サービス産業は、成長率も高い。図表5－5で見るように、アメリカでも、高度サービスの成長は、比較的最近の現象なのだ。これは、製造業が新興国に移行していく中で、先進国が繁栄を続けていくための必然な変化なのである。

高度サービス産業の就業者は、リーマンショックで金融業の就業者が減ったため、若干、減少した。しかし、すぐに立ち直って、とくに、14年頃からは顕著に増加を続けている。

日本では、リーマンショックはアメリカ金融業にダメージを与えたと理解されることが多い。確かに、リーマンショックは、それに先立つバブル期に、アメリカの金融業が過大な投機に走ったために引き起こされたものだ。

しかし、図表5－5からはっきり分かるように、アメリカの経済で、リーマンショックで急激な縮小を強いられたのは、製造業なのである。そして、高度サービス産業は成長を続けたのだ。

**図表5-5 アメリカにおける高度サービス産業と製造業の就業者の推移**

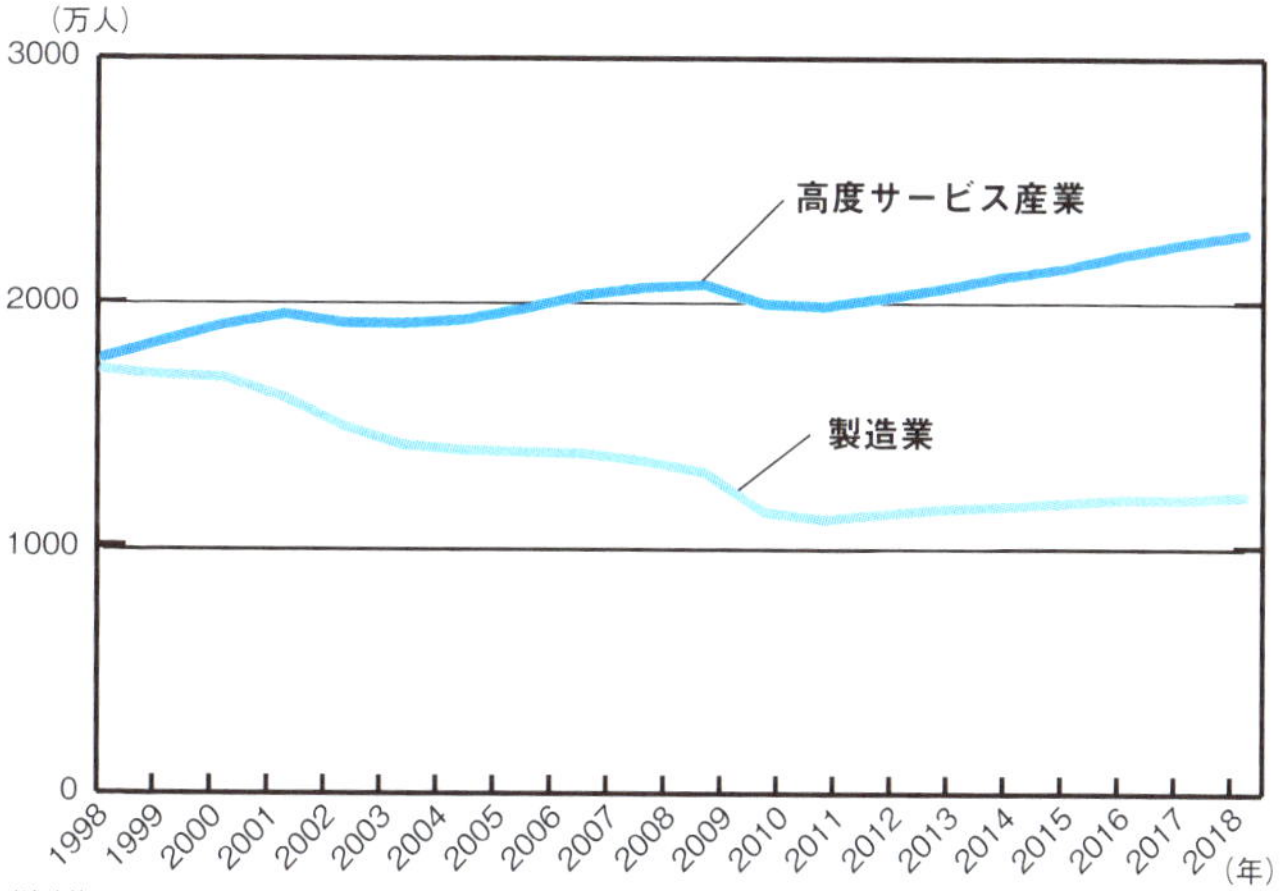


（資料）BEA, *National Income and Product Accounts*

## 高度サービス産業は自営業の比率が高い

ところで、右で見た「高度サービス産業」という産業が提供しているサービスの多くは、これまでは、製造業なり流通業なりの企業の中で、その構成員によって提供されていたものであろう。それが独立した組織によって提供されるようになったために、こうした産業分類が統計に作られたのだ。

「経営」というサービスについて、とくにそのことが言える。アメリカの統計で「経営」という項目があるのは、経営サービスを他の企業に提供する組織が存在することを意味する。

これは、日本の常識では理解しがたいものだ。日本では、経営とは企業そのものであり、それを他の組織からサービスとして購入するということは考えられない。

## 図表5-6 アメリカにおける就業形態

| | 自営業者(千人) | 就業者(千人) | 比率(%) |
|---|---|---|---|
| 農林水産業 | 790 | 1,217 | 64.9 |
| 建設業 | 1,567 | 6,871 | 22.8 |
| 製造業 | 282 | 12,190 | 2.3 |
| 卸売業 | 125 | 5,745 | 2.2 |
| 小売業 | 713 | 13,853 | 5.1 |
| 輸送業、倉庫業 | 452 | 4,905 | 9.2 |
| 情報 | 143 | 2,627 | 5.4 |
| ファイナンス、保険、不動産、賃貸、リース | 665 | 8,138 | 8.2 |
| 専門的、ビジネスサービス | 2,103 | 19,273 | 10.9 |

(注)専門的、ビジネスサービスは、専門的、科学・技術的サービス、経営、管理と廃棄物処理からなる
(資料)BEA, *National Income and Product Accounts*

アメリカの場合に高度サービス産業の比率が高くなるのは、このような背景があるからだろう。

そうだとすると、このようなサービスを提供する主体は、法人組織である必要はない。むしろ、自営業として提供することが自然かもしれない。

このことは、実際にアメリカの統計に表れている。

アメリカの就業形態は、図表5－6に示すとおりだ。高度サービスで自営業の比率が高いことが注目される。

自営業の比率が、製造業や卸売業では2%台でしかないのに対して、情報では5・4%、ファイナンス、保険、不動産、賃貸、リースでは8・2%となっている。これらは、常識的には自営業の典型であるように考えられる小売業の5・1%より高い値だ。専門的、ビジネスサービスでは10・9%と、自営業の比率が10%を超えていることが注目

される。

これらの部門での自営業の性格は、農業におけるそれとは異なる、現代的なものだ。なぜなら、所得水準が、農業は平均より低いのに対して、これらの分野では平均より高いからだ。

なお、ここで見たのは「自営業」であるが、雇用されていても、これまでのようなフルの雇用でなく、パートタイム、自宅勤務、エージェント契約などでの就業形態が、かなり存在すると考えられる。

これは、高度サービス産業は、組織によって営まれるより、個人によってフリーランサー的な形で営まれるほうが自然であることを示している。

## 原因は専門教育の遅れと人材不足

すでに見たように、日本では高度サービス産業は製造業を上回る規模の産業には成長していない。

日本では、経団連会長が製造業から出る慣習がいまだに続いている。そして、国の経済政策も、製造業向けのものとなりがちだ。

高度サービス産業が発達できない背景には、教育制度の問題もある。高度に専門的な職業人を養成するには、教育が必要である。実は、このレベルの教育こそ、アメリカに比べて日本が遅れている分野だ。

とくに、大学院の教育体制が問題だ。質の高いビジネススクールがないことなどが指摘される。また、最近では、データサイエンスの分野での人材不足が深刻だ。

なお、就業の面でも、日本の企業は古い形態を続けている。

政府は「働き方改革」を進めるというが、組織に雇われて働くことを前提にするかぎり、働き方を大きく変えることは難しい。フリーランシングを実現することこそが、究極の働き方改革である。

日本でも、最近は、兼業・副業を認める企業が増えている。フリーランサーとしての働き方をもっと積極的に模索すべきだ。

組織に勤めながら、休日にはフリーランサーとして働くことが可能になれば、そこで得た経験や知見を本業に活かすことが可能になるだろう。それは、日本経済の構造改革にも寄与するに違いない。

ただし、フリーランシングを普及させるには、税制や社会保障制度などで、見直すべき点が多い。

# 第6章

# 金融政策を検証しよう

# 3つのステップで金融政策の効果を理解しよう

1 疑問を持とう　日本銀行の異次元金融緩和政策は、日本経済を活性化したのか？　消費者物価目標はなぜ達成できないのか？

日銀は消費者物価上昇率の対前年比を2％以上にすることを目的としていましたが、導入後6年以上たったのに、いまだに実現できていません。なぜ実現できないのでしょうか？物価上昇率は、日本では低いままですが、アメリカでは高くなっています。これはなぜなのでしょうか？

2 仮説を立てよう　消費者物価はもともと金融政策ではコントロールできない

工業製品の値下がりは全世界的な現象。アメリカでも工業製品の価格は、日本と同様に上昇していないはず。

3 データで確かめてみよう　日米の賃金データを見る

日本とアメリカの動向の違いは、賃金所得の動向を見ることで理解できます。アメリカの物価上昇率が高いのは、第5章で見た専門的、科学・技術的サービスの成長のためです。

ポイント図表

**図表 6-5 アメリカにおける産業別の年間賃金所得の推移**

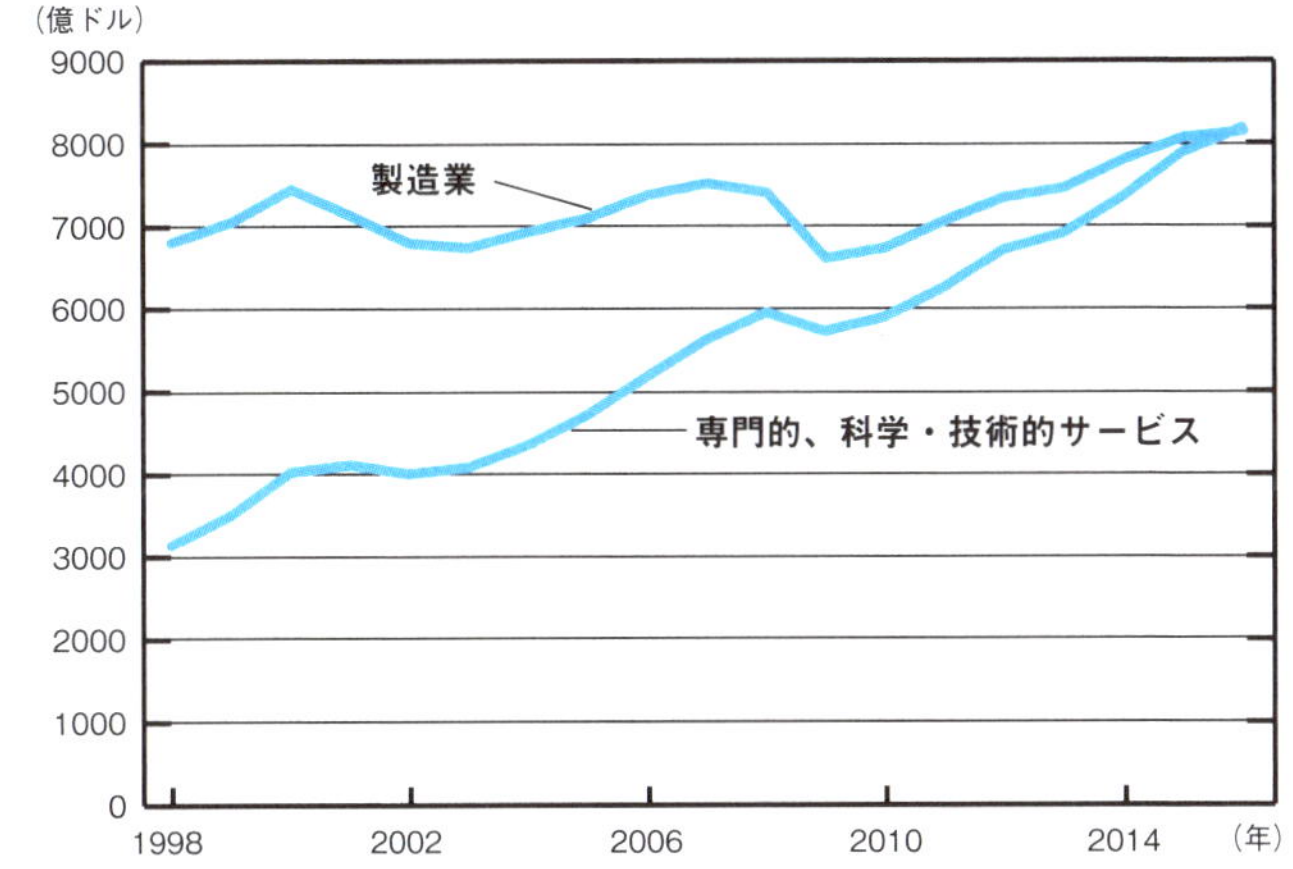


（資料）BEA, *National Income and Product Accounts*

図表6－5は、アメリカの賃金所得の動向を示します。

製造業では、1990年代の末から現在まで、あまり大きな変化はありません。それに対して、サービス産業の中の「専門的、科学・技術的サービス」の賃金所得は、90年代末から現在までの間に3倍近く上昇しています。

生産性の高い新しいサービス産業の成長が、アメリカ経済全体を成長させています。それが産業別所得の動向に現れており、消費者物価動向にも影響しているのです。

**グラフを自分で描いてみよう**

図表6-5のデータと、それをグラフに描く方法の説明が、サポートページにあります。
下のQRコードをスマートフォンのカメラで認識させて、開いてください。

アメリカで消費者物価の上昇率が高いのに日本で低いのは、高度サービスに対する需要と供給が、アメリカでは増加しているが日本ではそうでないからだ。

## 1 アメリカでは日本と違い消費者物価が上がる理由がある

### 2%の物価上昇目標は達成できない

日本銀行は、これまで「消費者物価の対前年上昇率2%」を金融政策の目標としてきた。

2013年4月に異次元金融緩和を導入したときには、「この目標を2年程度で達成」とした。しかし、達成できず、これまでに達成時期を何度も先送りした。18年からは金融政策の運営方針を示す日銀の「展望リポート」で達成時期を明示しなくなった。

達成できないのも当然だ。物価は金融政策で決まるわけではないからだ。図表1－7で示したように、消費者物価は輸入物価でほぼ決まる。そして、輸入物価は、為替レートと原油価格の動向でほぼ決まる。これらは、日本の金融政策で自由に動かせるものではない。

現実的な見通しとして、消費者物価上昇率が2％を超える可能性は極めて低い。「2％達成まで緩和政策から脱却しない」という頑なな方針を取り続け、何らかの外的なきっかけ（例えば政権交代）で急激に変更を余儀なくされると、経済には大きなショックが及ぶだろう。

もちろん、可能性としては、2％を超えることはあり得ないわけではない。ただし、つぎの2点に注意が必要だ。

第1に、物価上昇率が2％を超えるのは、原油価格の暴騰が続いているとき、あるいは、とめどもない円安が続いているときだ。

いずれにしても、経済はかなり危機的な状況に陥っている。そうなるまで、経済をコントロールせずに硬直的な緩和政策を続けていくのは、危険なことである。

第2に、物価上昇率が2％になってから脱却するのでは、つぎの意味で問題だ。

まず、物価上昇率が2％であれば、金利が2％以下を続けることはあり得ない。短期金利も2％を超えているであろうし、長期金利は3％を超える水準になっていなければおかしい。

短期金利が2％を超えているとすれば、日銀当座預金のうち準備預金を超える部分に対しては付利をする必要がある。なぜなら、そうしないと当座預金が流出し、投機資金として利用されてしまうからだ。

ところが、現在の日銀当座預金残高（準備預金を超える額）は巨額である。したがって、付利の額も膨大なものとなる。この結果、日銀が債務超過に陥る危険がある。

こうしたことを考えると、物価が２％になる前に脱却しなければならない。「２％になるまで緩和を続ける」という方針は、極めて危険である。

## 低い物価上昇率は構造的問題

日本で消費者物価指数の伸び率が低いのは、生産性の高い新しいサービス産業が登場していないために、賃金上昇率が低いからだ。

仮に日本でもアメリカのような高生産性サービス産業が登場すれば、消費者物価指数の伸びは現状の低い値を脱して高くなるだろう。

つまり、現状の低い伸び率から脱却することは、原理的には不可能なわけではない。

ただし、それは、金融緩和政策によって実現できることではない。

だから、いかに金融緩和政策を続けたとしても、消費者物価指数の伸び率が高まることはないだろう。

## 消費者物価は日本では上がらず、アメリカでは上がっている

日本の消費者物価の長期的な推移を見ると、1990年代の中頃以降、ほとんど一定で変化していない。

生鮮食品を除く総合指数は、95年に98・0であったものが2018年に101・0になっているので、3・0%の上昇率だ。

ところが、この間に消費税率が3%から8%へと、5%ポイント引き上げられている。これは、消費者物価指数を3%ポイント程度引き上げたと考えられる。この影響を差し引けば、消費者物価指数は、1995年から2018年の間に、ほとんど変化していないことになる。

これに対して、アメリカを見ると、指数（all items less food）は、1995年1月の151・2から2018年1月の248・4まで、64・3%上昇している。この間の年平均上昇率は2・2%になる。

これは、日本の消費者物価の停滞ぶりとは、大きく違う動きだ。そして、アメリカ経済は活況を呈している。

これを見ると、「消費者物価の年間上昇率が2%程度になれば、経済が活況を呈するだろう」と考えても不思議はない。

日本銀行の政策目標は、おおまかに言えば、そのような考えに基づいて設定されている。

図表 6-1 工業製品の消費者物価の推移（日本）

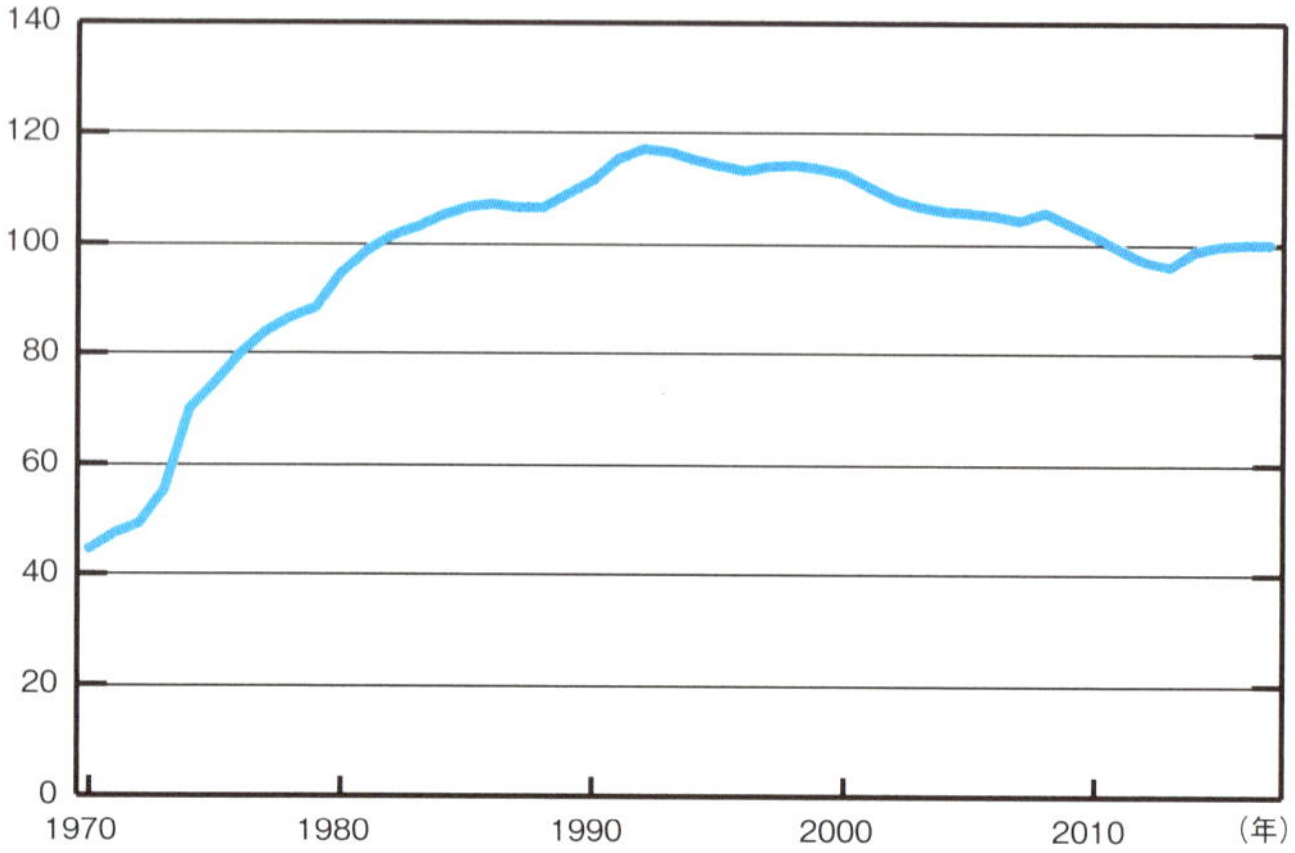


（資料）総務省、消費者物価指数

ところが、実は、因果関係は逆なのである。「経済が活況だから、消費者物価の上昇率が高くなっている」のだ。

それについて、以下に見ることにしよう。

## 工業製品価格が上がらないのは日米共通

日本の場合、工業製品の価格を見ると、図表6－1のように、1990年代初め以降、価格低下が著しい。

工業製品の消費者物価指数は、95年に106・6だったのが2018年に101・7になっているので、4・6%の下落だ。消費税の影響を考慮すれば、7・6%の低下ということになる。

このように、工業製品の価格低下は、消費者物価下落の大きな原因になっている。こ

**図表6-2 食料品とエネルギー関係を除く財の消費者物価（アメリカ）**

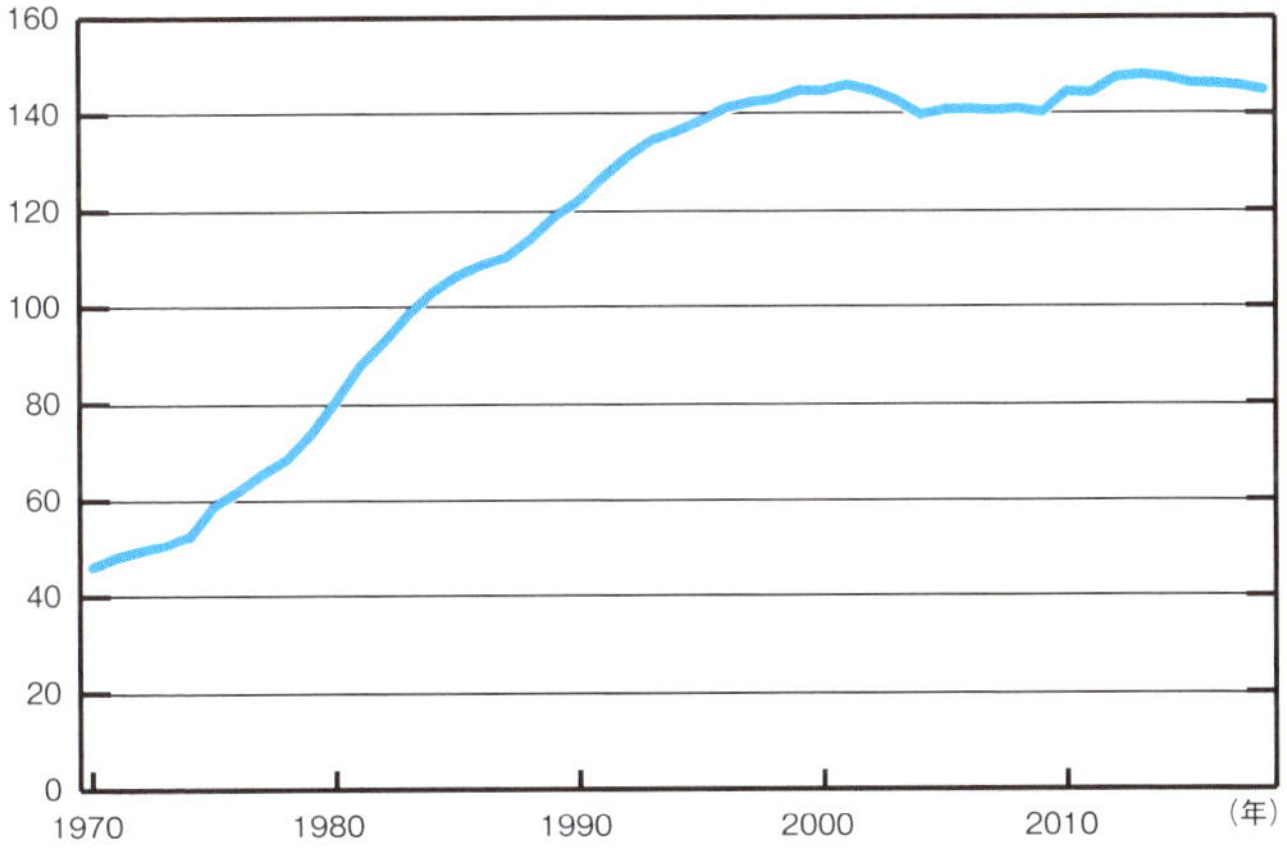


（資料）Bureau of Labor Statistics

れは新興国工業化の影響だ。中でも、中国の工業化の影響が大きい。

ところで、「中国の工業化の影響なら、どこの国も同じように影響を受けたはずだ」と思われるだろう。

実は、そのとおりで、アメリカでも同じことが起きている。

「食品、エネルギー関係を除く財」（commodities less food and energy commodities）の消費者物価の推移を見ると、図表6－2のように、アメリカでも1990年代の中頃以降、ほぼ一定だ。

指数は95年1月の138・2から2018年1月の144・4まで、4・5％上昇したのみだ。日本の場合のように下落したわけではないが、アメリカの消費者物価指数がこの間に66・3％も上昇したのと比べれば、大きく違う。

図表6-3 サービス価格の推移（日本）

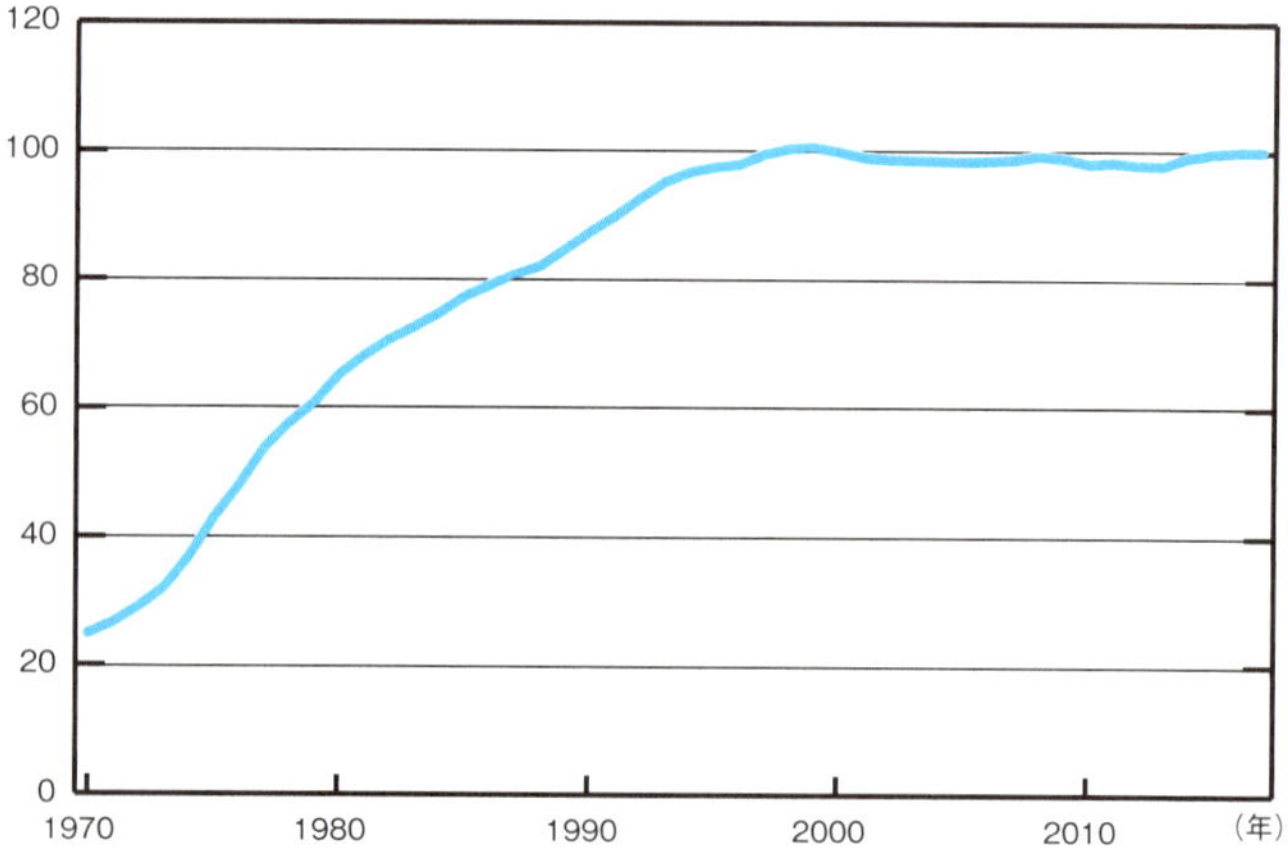


（資料）総務省、消費者物価指数

つまり、中国の工業化の影響は、アメリカもほぼ同じように受けたのだ。ただし、自動車をはじめとして国内で生産される工業製品もあるので、工業製品全体では、値上がり率が4・5％になったということだ。

## サービス価格は日本では上がらないがアメリカでは上がる

では、日本とアメリカの差は、どこにあるのか？ それは、サービスの価格だ。

日本の場合は、図表6－3のとおりだ。

工業製品の価格が下落していた1990年代後半でも、サービスの価格は上昇した。しかし、2000年になってからは停滞し、その後、ほぼ一定になった。

指数は、1995年が94・4で2017年が

**図表 6-4 ｜エネルギーを除くサービスの消費者物価（アメリカ）**

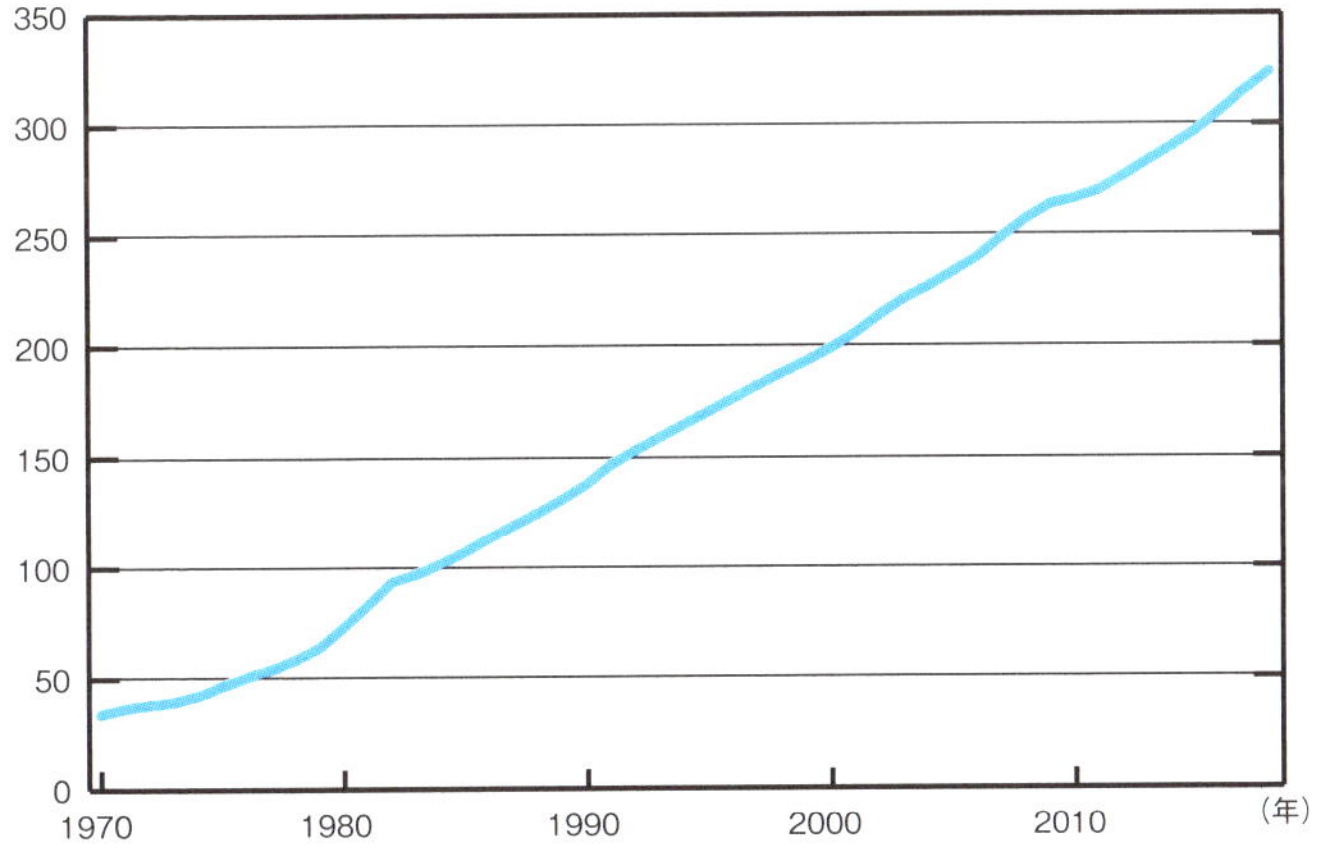


（資料）Bureau of Labor Statistics

１００・６だから、６・６％の上昇だ。消費税の影響を考えれば、３・６％の上昇になる。

ところが、アメリカの場合には、図表６－４に示すように、エネルギーを除くサービスの価格（services less energy services）の伸びが極めて著しいのだ。指数は、１９９５年１月の１７０・８から２０１８年１月の３２８・８までに、実に92・5％も上昇している。

## 高度サービス産業の有無が日米の決定的な違い

では、アメリカのサービス価格が上昇しているのはなぜか？　それは、専門的・科学・技術的サービスの需要と供給が増加したからだ。

これは、アメリカの賃金所得の動向を見ることによって確かめることができる。伸び率は、

## 図表6-5 アメリカにおける産業別の年間賃金所得の推移

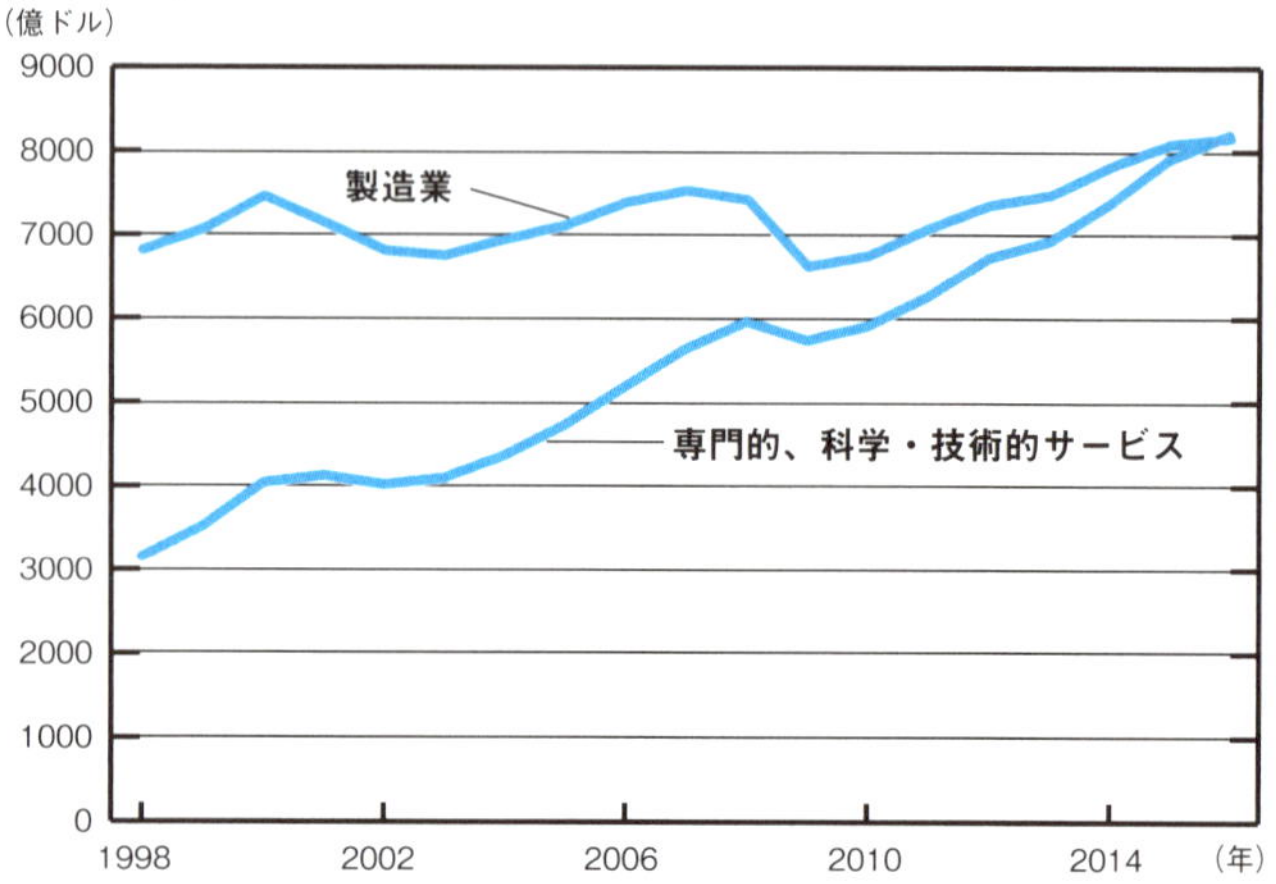


（資料）BEA, *National Income and Product Accounts*

産業によって著しい違いがあるのだ。

図表6－5に示したように、製造業の賃金所得が停滞している半面で、「専門的、科学・技術的サービス」のような生産性の高い新しいサービス産業の賃金所得は目覚ましい上昇を示している。こうした産業が成長することが、アメリカ経済成長の原因だ。

日本でサービスの価格が目立って上昇しないのは、そうしたサービスが登場していないからだ。

こうした構造変化がない限り、消費者物価の上昇率が高まるのは、すでに述べたように、原油価格が高騰するか、あるいは円安が進行する場合だけだ。それは消費者の立場から見れば、望ましいことではない。

まとめれば、つぎのとおりだ。

工業製品については、日本でもアメリカでも「1990年代後半以降、停滞」という同じ傾向が見られる。

それにもかかわらず、アメリカの消費者物価が上昇するのは、サービス価格が上昇するからだ。これは、専門的、科学・技術的サービスが登場したからだ。

日本経済が停滞するのは、アメリカのような「専門的、科学・技術的サービス」が誕生していないからである（そもそも、統計にそのような分類がない）。それが賃金の動向にも表れ、そして、消費者物価の動向にも表れているのだ。

こうした産業構造の改革は、金融政策で実現できることではない。その意味で、日銀の消費者物価目標は、金融政策では実現不可能なことなのである。

# 2
# 「リバーサルレート」とは何か？

## 金利がある限度まで下がると、金融緩和は経済に抑圧的になる

金融緩和政策の効果について、「リバーサルレート」という考えがある。「金利がこの水準を下回ると、金融緩和政策は経済にとってかえって抑圧的な結果をもたらす」という理論だ。

以下では、この考えの概略を紹介したあと、現在の日本の金利がリバーサルレートより低くなっている可能性が高いこと、したがって金融緩和政策の継続は経済にとってマイナスであることを述べる。

「リバーサルレート」とは、プリンストン大学のマーカス・ブルネルマイヤー教授らが主張している理論だ。

この理論については以下で説明するが、その概要をあらかじめ要約しておくと、つぎのとおりだ。

①金利がある限度（リバーサルレート）まで下がると、金融緩和政策の効果がそれまでとは逆に縮小的になり、貸し出しを抑制するように働くようになる。
②リバーサルレートは、ゼロとは限らず、正あるいは負の値であり得る。その具体的な値は、自己資本規制等の強さで異なる。
③リバーサルレートは、緩和政策を続けていると高まっていく。なぜなら、金利が下がると、預貸金利ザヤが縮小する半面で、キャピタルゲイン（債券などの売却益）が時間とともになくなっていくからだ。

## 金利引き下げ効果の3段階

中央銀行によって金利が引き下げられると、その効果は、つぎのような段階を経て変化していく。

【第1段階】銀行保有の国債にキャピタルゲインが発生

国債（より一般的には、固定利回りの長期資産）を保有している銀行は、政策金利の引き下げで利益を得る。なぜなら、短期金利が下がれば、銀行はこれら長期資産を売却して利益を得た後、より低利での借り入れをもとに再び購入できるからだ。銀行は、キャピタルゲインを得る。

これによって銀行の株価が上昇し、資本金規制からの制約が緩和される。

### 【第2段階】預貸金利ザヤの縮小

政策金利の引き下げによって、貸出金利、預金金利ともに下落する。貸出金利が下落するので、貸し出しが増え、経済を拡大させる。これが中央銀行の望むところだ。

銀行は、リスクのある貸し出し、安全な貸し出し、中央銀行への準備金という3つの投資機会を持つとする。

金利が下がると、安全資産利回りと準備金利回りの差は縮小するので、銀行は預金金利を引き下げる。そして、銀行はリスク資産の貸出金利を下げる。これも中央銀行が望むところだ。

しかし、銀行の利益は縮小する。

### 【第3段階】資本金制約によるリスク貸し出しの減少

もし資本金を資産の一定割合に維持する規制の制約がないか、あるいはキャピタルゲインが十分に大きければ、貸し出しが増える。これも、中央銀行が望むところだ。

しかし、キャピタルゲインが預貸金利ザヤの縮小を補えるほど大きくなければ、貸し出しを抑えて資本金規制を維持しようとするので、純資産が減少するだろう。銀行はリスクを取らなくなり、リスクのある貸し出しを増やさなくなる。

ここの金利がリバーサルレートだ。これ以下に金利を引き下げると、資本金制約の影響で貸し出しが減る。さらに、つぎのような悪循環が生じる。

銀行がリスク資産から安全資産に移行→利回りが下がる→資本金制約がさらに強くなる→銀行はリスク資産を縮小させる。

## 金融緩和が続くと、リバーサルレートは上がる

リバーサルレートはゼロとは限らず、正または負の値になり得るが、それに影響を与える要因として、つぎのものがある。

第1は、低金利政策の継続期間や銀行が保有する国債の額だ。

もし銀行が大量の国債を保有しているなら、金利低下によるキャピタルゲインは大きく、リバーサルレートは低くなる。異次元金融緩和政策が始まる前の日本は、この状態にあったと考えられる。

この状態で金利が引き下げられると、銀行は長期の資産を短期資金でリファイナンスできる。これによって預貸金利ザヤの減少を補える。

しかし、銀行の資産が短期化すると、通常は貸出金利の下がり方が早いので、預貸金利ザヤの減少のほうが大きくなる。したがって、低金利が長く続くと、銀行の資産が短期化するために、リバーサルレートが上がっていく。

銀行が保有する国債の償還期限が来てからも金利が切り下げられる見通しがあると、金利引き下げによるキャピタルゲイン効果がなく、預貸金利ザヤの減少だけが生じる。したがって、リバーサルレートが上がる。

第2に、政策金利引き下げが預金金利に直ちに影響するようだと、リバーサルレートは高くなる。

第3に、銀行が直面する資本金制約が厳しいと、リバーサルレートは高くなる。

第4に、マイナス金利が行なわれている状態で預金を現金に換えやすくする技術革新は、銀行の収益を阻害し、リバーサルレートを引き上げる。

## 現在の金利はすでにリバーサルレートを下回っている可能性がある

では、日本の現状はどこにあるだろうか?

これまでは、金利低下によって、銀行は国債のキャピタルゲインを享受してきた。しかし、キャピタルゲイン獲得の機会は、つぎの理由で、もうなくなっていると考えられる。

第1に、日本銀行は、銀行が保有している国債を大量に買い上げてしまったので、もはや金利を引き下げても、銀行にキャピタルゲインが発生する余地は少なくなっている。

第2に、長期金利の水準が下がってしまったので、銀行が買い入れて保有している国債についても、今後発生し得るキャピタルゲインは小さい（銀行にキャピタルゲインを与えるためには、日銀が額面より高い価格で買い入れる必要がある。これはすでに行なわれている。これについては後述する）。

ブルネルマイヤーが強調するように、量的緩和は、金利引き下げが限度に来てから行なうべきことだった。

日本では、政策金利がゼロ金利まで引き下げられたことから量的緩和が行なわれたのだが、リバーサルレートは必ずしもゼロであるとは限らない。マイナスである可能性もある。その場合には、マイナス金利政策を先に行なうべきだった。先に大規模な量的緩和を行ない、日銀が大量の国債を銀行から買い入れたために、問題が深刻化しているとも言える。

銀行の収益は、すでにかなり悪化している。5大銀行グループの2019年9月期の連結決算では、純利益は合計で2兆449億円となり、前期に比べ24%減った。実質業務純益の合算は計1兆7916億円と12%減で、4期連続の減益だった。これは、ブルネルマイヤーの言う悪循環過程がすでに発生するような段階まで、日本の銀行が来ていることを示唆している。

そうだとすれば、現在の金利はすでにリバーサルレートを下回っているわけで、金融緩和政策の継続は、経済を悪化させることになる。

## 金融緩和政策のコストはすでに発生している

日銀は極めて高い価格で銀行から国債を買い上げている。これは、銀行に無理やりにキャピタルゲインを与えることによって、国債買い入れを円滑化するための措置であると解釈することができる。

ブルネルマイヤーの理論では、「量的緩和が継続するにつれて、金利低下で銀行が得るキャピタルゲインが減少する」とされているが、その効果が打ち消されるわけだ。

こうした政策が行なわれると、「金融緩和を継続してもリバーサルレートが上がらない」ということがあり得る。

しかしその一方で、高価格での国債購入は、日銀にとってのコストを増大させる。それは、日銀保有国債の取得価格が額面を上回るという形ですでに発生している。

償還まで保有すると、これだけの損失が発生する。これは、確実に発生する損失だ。この差額はマイナス金利導入（２０１６年１月29日）以降、拡大している。

ところで、日銀は国債の評価にあたって「償却原価法」を採用しており、毎年、額面と取得価格の差を等額で償却している。損失の一部は、こうした形ですでに現実化しているわけだ。これは、日銀の利益を減少させ、国庫納付金の減少という形で、国民負担になっている。

# 3 MMTとは何か？ どこが問題か？

## マネーがマネーになるのは、人々がマネーとして認めるから

MMT（Modern Monetary Theory：現代貨幣理論）という考えがアメリカで注目を集めている。日本でも、国会で議論された。

これは、「自国通貨建てで政府が借金して財源を調達しても、インフレにならないかぎり、財政赤字は問題ではない」という主張だ。ニューヨーク州立大のステファニー・ケルトン教授などによって提唱されている。

この考えを、主流派経済学者や政策当局者は、異端の学説として強く批判している。

MMTは、いくつかの理論を根拠としている。第1は、ドイツの経済学者ゲオルク・クナッ

プによって20世紀初頭に唱えられた貨幣理論（「チャータリズム」と呼ばれる）だ。これは、「貨幣は素材の価値があるから通用するのではなく、国が価値があると宣言するから通用する」という考えだ。

第2は、20世紀中頃のアメリカの経済学者アバ・ラーナーの主張だ。内国債は、国から見れば債務だが、民間の国債保有者から見れば資産だ。両者は帳消しになる。したがって、「将来時点で、外国に支払うために国が使える資源が減る」という意味での「国債の負担」は発生しない。この点で、内国債と外国債は経済効果が異なる。

第3に、ケインズ経済学がある。これは、経済が不完全雇用にあって遊休資源があるなら、財政赤字によって財政支出を増やすべきだと主張する。MMTが「インフレにならない限り」と言っているのは、「不完全雇用なら」というのとほぼ同じだ。だから、これはケインジアンの理論そのものだ。

## MMTの考えは新しくない

ところで、以上で述べた理論は、いまでは経済学者に広く受け入れられており、格別新しいものではない。

クナップのチャータリズムは、金本位制が万能と考えられていた20世紀初頭の世界では異端の考えだったかもしれないが、管理通貨制に移行した現代の世界では、ごく当たり前のものだ。マネーがマネーとして機能するのは、その素材に経済的な価値があるからではなく、政府がそれをマネーとして認めるからでもなく、人々がそれをマネーとして認めるからなのである。

金貨のように素材に価値がなくてもマネーとして通用することは、中世のイタリアの商人たち（初期の銀行家）が証明したことだ。国家がいくらマネーだと宣言してもマネーとして通用しなくなることは、革命前のフランスで起こったジョン・ローの事件、第１次大戦後のドイツのインフレ、ソ連のインフレなどで実証されたことだ。

ラーナーの考えは、いまでも一般には理解されていないことが多い。財政赤字を家計の借金と同じようなものとみなして、「負担を将来世代が負うから問題」という考えは、マスメディア等ではごく普通に見られる。しかし、経済学者の間では、内国債が自分自身への借金だという考えは、すでに１９４０年代に確立されており、正統的なものだ。ポール・サミュエルソンは、この考えを「戦争の費用を内国債で戦後に転嫁することはできない」と表現している。

ケインズ経済学も、多くの経済学者によって広く受け入れられている。

## 財政赤字を継続的な財源とすれば多くの問題が起こる

以上で述べた限りでは、ＭＭＴは「モダン」と称してはいるものの、目新しい考えではない。

では、どこが新しいのか？

それは、財政赤字を、長期的な施策の継続的な財源としていることだ。

いまMMTが論争となっているのは、アメリカ民主党左派にグリーンニューディール（地球温暖化対策）や国民皆医療保険などの大型の歳出拡大が必要との意見があり、その財源としてMMTが提唱されているからだ。

そして、民主党の急進左派を中心に支持者が増えている。これが、アメリカの大統領選挙で争点となる可能性がある。

ケインズ経済学で財政支出を増やすという場合に考えられているのは、短期的な需要を調整するための一時的な支出だ。これらは、経済が完全雇用になれば、すぐにやめることが想定されている。

ところが、温暖化対策や医療保険は、完全雇用になったからといってすぐにやめられるものではない。「インフレにならなければ問題ない」というのだが、政策をすぐにやめられなければ、インフレになる可能性がある。そうなれば、大きな問題が生じる。ケインジアンと見なされている論者までもがMMTに反対を表明しているのは、このためだ。

「インフレにならなければよい」と言うが、過去の歴史を見る限り、それが難しかったのだ。インフレになれば、人々はマネーをマネーとして認めなくなり、このシステムは動かなくなる。

ＭＭＴは、単なる仮定の上に成り立っているものでしかない。現実には機能しないのだ。

## ハーヴェイロードの仮定

さらに、インフレが生じない場合でも、問題がある。無駄な歳出が行なわれる危険が大きいからだ。

イギリスの経済学者ロイ・ハロッドは、ケインズの理論は「ハーヴェイロードの仮定」に立っているとした。これは、財政支出が賢人たちによって決められるということだ。しかし、現実の政治プロセスでは、この仮定は満たされず、大衆迎合的な決定がなされる。

このことは、ジェイムズ・ブキャナンなどによって、１９６０年代から70年代に指摘された。ブキャナンの理論はノーベル経済学賞を受けた。

問題はこのように、純粋に経済的な問題というよりは、政府支出に関する政治的なメカニズムの問題なのである。

簡単に言えば、増税で賄うとすれば反対が強くて実行できない政策でも、財政赤字で賄うとすれば通ってしまうということだ。例えば、増税して戦費を賄おうとしても政治的な抵抗が強くてできないが、財政赤字で賄うことにすれば、負担が意識されないので財源が調達できてしまい、実際に戦争が起きる。

こうしたことによって資源配分が歪《ゆが》められれば、将来の生産力が低下する。このような意味で「国債の負担」が発生しうるのである。

## MMTは異端の学説だが、影響力を軽視すべきでない

「日本はすでにMMTを行なっている」という指摘がある。これは、日本銀行の異次元金融緩和政策によって、大量の国債を市中から買い上げたことを指している。国会の議論でも、こうした指摘が行なわれた。MMTを主張する人たちの中にも、そうした指摘をする人がいる。

ここで注意すべきは、日本の場合、大量の国債が購入されたのは事実だが、まだ国債の貨幣化までは至っておらず、日銀当座預金が増加したままの状態になっていることだ。これは、MMTの主張者が言っていることではない。

ただし、市中から国債が減少した結果、財政赤字に対する危機感が弱まったことは否定できない。現在の日本でインフレが起きているわけではないが、財政規律が失われていることは間違いない。

第1に、これまでは、金利が上昇すると、銀行保有国債の価値が減額し、これが銀行（とくに地方銀行）のバランスシートで問題を起こすと懸念されていた。しかし、銀行保有国債が減った結果、この問題への関心は薄れた。

第2は、国債利子の支払いや償還金だ。まず金利が低下した結果、新発債の利子負担が減少した。

さらに、既発債についての負担も、つぎの理由で減少した。国債を民間主体が保有している場合、国が支払う利子や償還金は、民間に対する支払いになる。ところが、国債を日銀が購入してしまうと、これらは日銀納付金を通じて国に環流する。だから、国庫にとって負担がないような状態になってしまった。

以上を考えると、今後の日本で「財政赤字は問題ないのだから、歳出を拡大（あるいは減税）せよ」という声が強まる危険は否定できない。

## 財源の裏付けがない社会保障の拡大

実際、財政赤字縮小への努力はすでに閑却されている。

政府は、財政再建目標を立てたが、達成できていない。それにもかかわらず、これが重大な問題だとして議論されているわけではない。

社会保障制度では、制度を支える財政的な基盤は確立されていないままに、将来の給付が約束されている。年金もそうだ。医療保険もそうだ。

将来の社会保障費増大の影響を考えると、消費税の税率をさらに引き上げる必要があると考えられるが、そうした議論はまったく行なわれていない。
年金財政について、政府の財政検証は、保険料率を引き上げなくても、今後の年金財政に問題は生じないとしている。これは、実質賃金が非現実的なほど高い率で伸びると想定されているからだ。

異端の学説であるからといってMMTの影響力を軽視するのは、危険なことだ。

# 第7章

# カネ余りのために金融緩和が効かなかった

## 3つのステップで「カネ余り現象」を理解しよう

### 1 疑問を持とう 「カネ余り」はどんな現象で、なぜ生じたのか？ どれほど重要か？

日本経済で「カネ余り」現象が発生しているといわれます。これは、いったいいかなる現象で、なぜ生じたのでしょうか？ それは最近生じたものでしょうか？ それはどれほど重要でしょうか？ もし現状に問題があるのなら、そこから脱却するにはどうしたらよいでしょうか？

### 2 仮説を立てよう 「日本銀行の金融緩和政策のためにカネ余りが生じた」

通常いわれるのは、「金融緩和政策が原因」というものです。つまり、日本銀行が日本銀行券を大量に増発して、それを市中に流通させた。そのため、必要以上のマネーが日本経済に出回ったという説明です。本当にそうだったのでしょうか？

### 3 データで確かめてみよう アベノミクスで「カネ余り」が進行した

日本銀行の金融緩和政策のためにカネ余りが生じたのなら、マネーストックが増大しているはずですが、それはデータで確かめられるでしょうか？ また、法人企業統計調査で企業の資産保有形態を見ると、どのような傾向が見られるでしょうか？

ポイント図表

## 図表 7-1 企業の現金・預金保有の推移

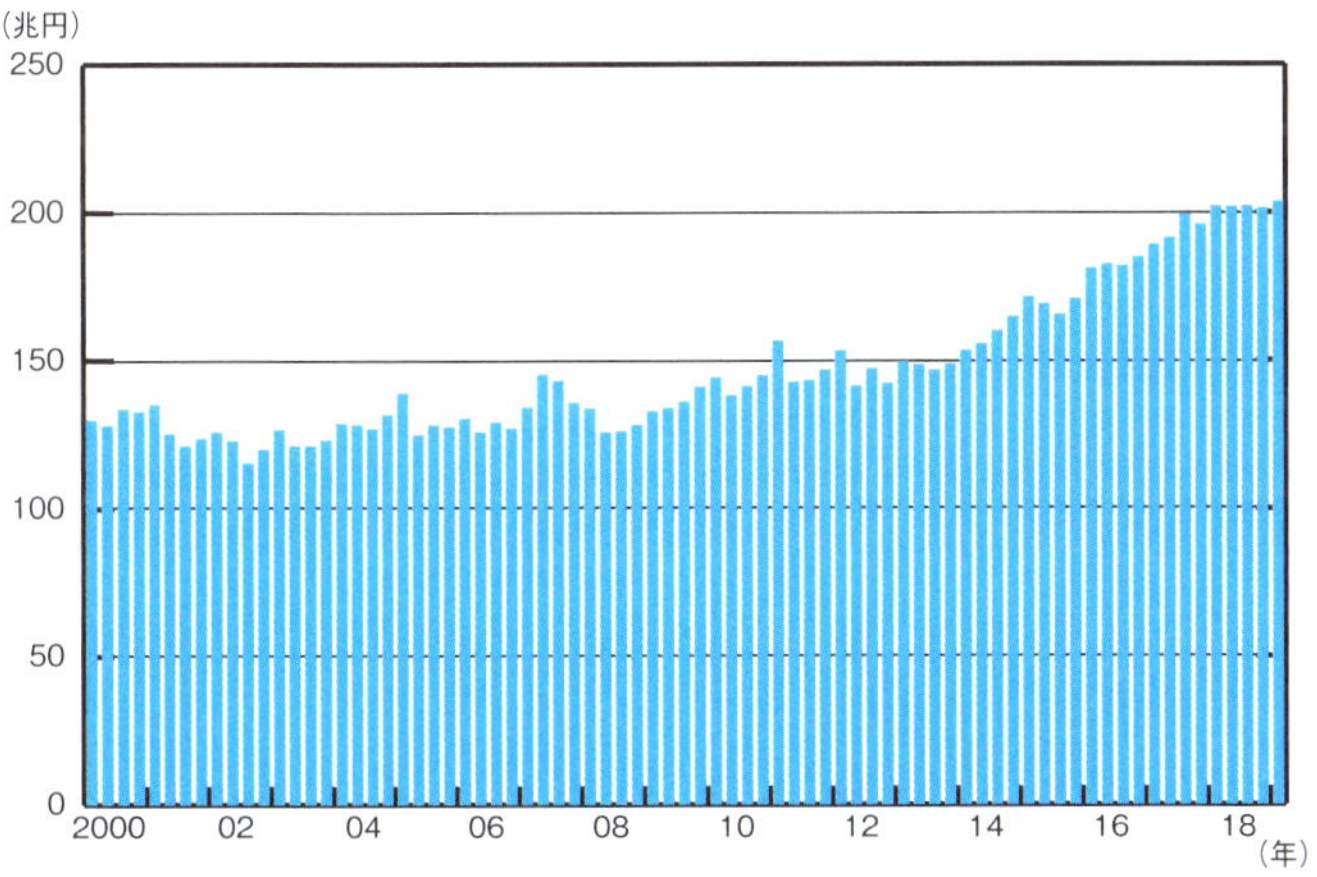


(資料)法人企業統計調査

図表7−1は、企業の現金・預金の保有額を示します。アベノミクスが始まった2013年頃には150兆円程度でしたが、その後に顕著に増加し、最近では200兆円程度になっています。

企業は人件費を圧縮して利益を増やしたのですが、使い道がないために、このような「カネ余り状態」になってしまったのです。

このため、借り入れ需要がなく、銀行の貸し出しが増加しません。金融緩和がカネ余りをもたらしたのではなく、カネ余りのために金融緩和が効果を発揮しないのです。

**グラフを自分で描いてみよう**

図表7-1のデータと、それをグラフに描く方法の説明が、サポートページにあります。
下のQRコードをスマートフォンのカメラで認識させて、開いてください。

アベノミクス下で、企業のカネ余りが顕著に進行した。

多くの人は、「金融緩和のためにカネ余り現象が起きた」と思っている。しかし、そうではなく、「カネ余りのために企業が借り入れを増やさず、そのため金融緩和が効かなかった」のだ。

# 1 アベノミクス下で「企業のカネ余り現象」が顕著に進行した

## 企業のカネ余り現象の背景

いまの日本では、「企業の利益準備金が積み上がり、企業がそれを現金・預金という形態で保有する」という、「企業のカネ余り現象」が顕著に見られる。

この状況を、企業のバランスシートで見ることにしよう。

企業の資産、負債、純資産のいくつかの項目について、2012年4〜6月期から18年4〜6月期への変化を見ると、つぎのとおりだ。

まず、全産業（除く金融保険業）について、負債と純資産を見ると、金融機関からの借り入れは、短期借入金で2・9％減、長期借入金で微増（4・6％増）だ。資本金も微増（2・1％増）だ。

この間に大きく増えたのは、資本剰余金と利益剰余金だ。とくに利益剰余金が著しい増加を示した（63・7％増）(注1)。

これに対応して資産では、現金・預金が42・8％増と大きく増加した。18年4〜6月期の残高は202兆円で、資産総額1645兆円の12・3％を占める。

固定資産は、24・5％増だ。18年4〜6月期の残高は910兆円で、資産総額の55・3％を占める。

「利益剰余金が増え、現金・預金の保有が著しく増えた」という状況は、製造業でも非製造業でもあまり変わらない。

（注1）資本剰余金と利益剰余金が、一般に「内部留保」と表現されるものである。なお、「内部留保」は、正式な会計用語ではない。税引き後純利益から役員報酬や配当を支払った後に残ったものが、利益剰余金や利益準備金として積み上がる。

## カネ余りはアベノミクス期の特有現象

ところで、カネ余り現象は、日本経済で昔からあったことだろうか？　それとも最近の現象か？

## 図表 7-1 企業の現金・預金保有の推移

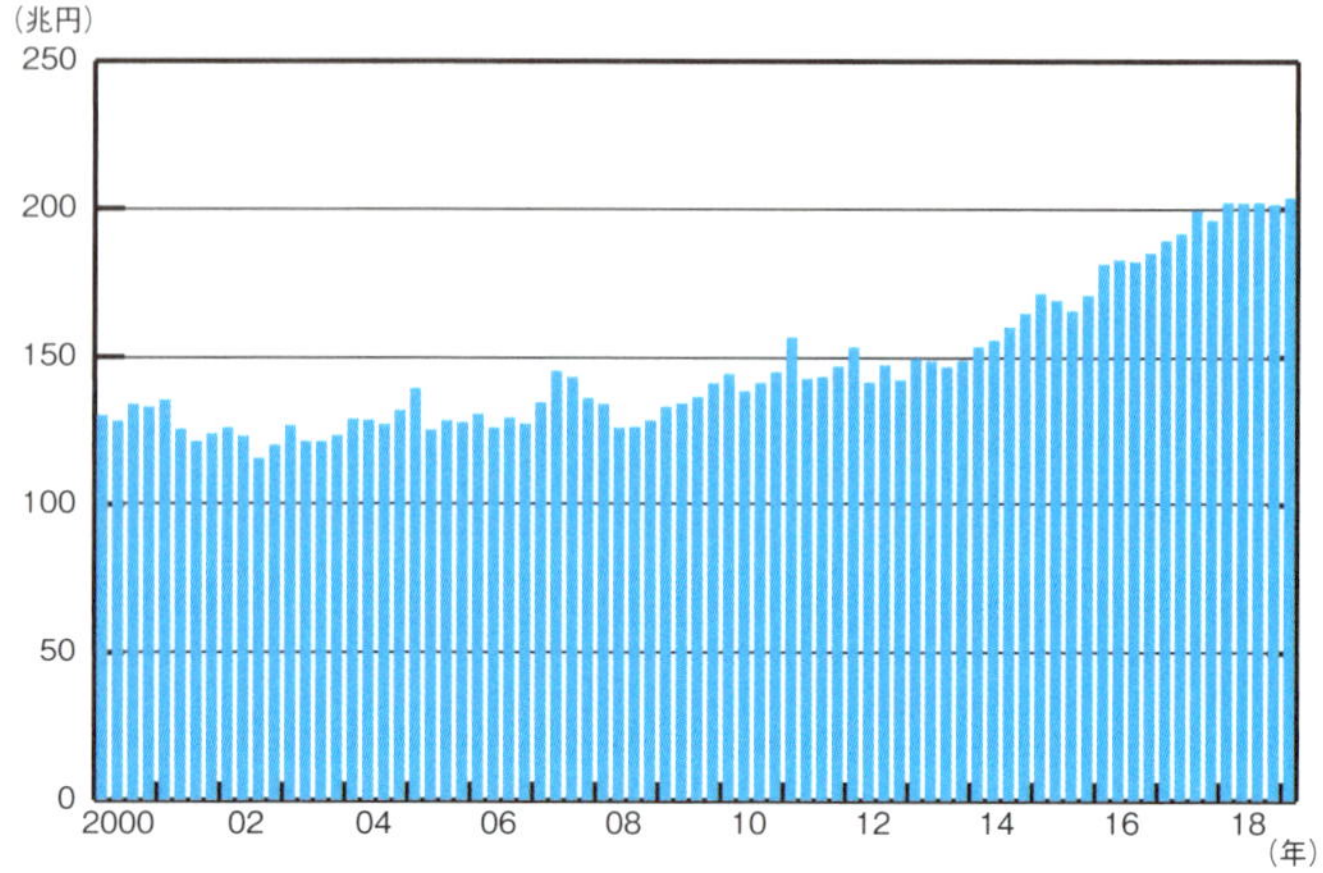


(資料)法人企業統計調査

(単位:百万円)

| 資産合計 | 資本剰余金 | 利益剰余金 | 売上高 | 営業利益 |
|---|---|---|---|---|
| 315,848,971 | 38,510,693 | 195,860,452 | 25,522,345 | 7,707,000 |
| 211,010,328 | 16,626,232 | 93,244,622 | 9,227,530 | 5,104,237 |
| 50,773,282 | 6,859,947 | 30,540,857 | 12,602,909 | 1,167,508 |
| 36,205,794 | 2,133,928 | 22,824,750 | 9,554,713 | 648,295 |
| 9,235,499 | 60,369 | 18,935,036 | -141,300 | 343,441 |
| 8,624,068 | 12,830,217 | 30,315,187 | -5,721,507 | 443,519 |

(単位:%)

| 資産合計 | 資本剰余金 | 利益剰余金 | 売上高 | 営業利益 |
|---|---|---|---|---|
| 22.70 | 31.14 | 72.30 | 7.36 | 65.36 |
| 29.25 | 18.88 | 65.64 | 6.42 | 120.56 |
| 28.17 | 54.81 | 78.48 | 19.96 | 54.13 |
| 29.01 | 32.06 | 89.31 | 23.37 | 49.29 |
| 6.12 | 1.23 | 50.66 | -0.32 | 14.79 |
| 4.03 | 111.57 | 112.21 | -10.43 | 25.15 |

## 図表 7-2 企業の利益剰余金の推移

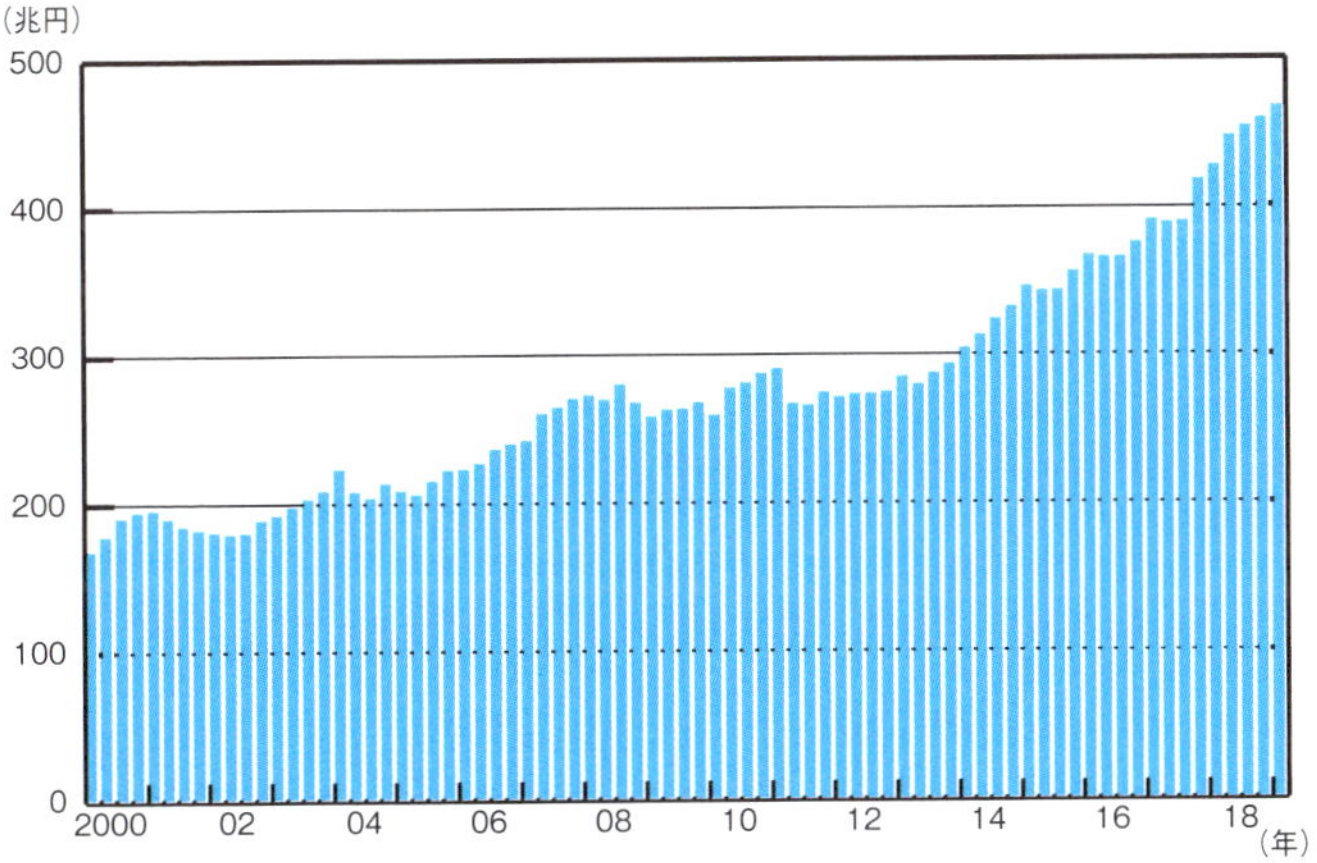


（資料）法人企業統計調査

## 図表7-3 2012年1-3月期から19年1-3月期の間の増加額と増加率（全産業）

**増加額**

| | 現金・預金 | 株式 | 公社債 | 固定資産 |
|---|---|---|---|---|
| 全規模 | 50,481,924 | -810,616 | -2,030,131 | 201,689,511 |
| 10億円以上 | 24,498,179 | 137,806 | -1,581,588 | 146,851,082 |
| 1億円以上10億円未満 | 7,887,374 | -247,216 | -62,064 | 18,830,722 |
| 5000万円以上1億円未満 | 10,049,144 | -249,823 | -430,181 | 17,345,971 |
| 2000万円以上5000万円未満 | 6,251,012 | -215,750 | -106,022 | -1,758,602 |
| 1000万円以上2000万円未満 | 1,796,215 | -235,633 | 149,724 | 20,420,338 |

**増加率**

| | 現金・預金 | 株式 | 公社債 | 固定資産 |
|---|---|---|---|---|
| 全規模 | 32.93 | -17.34 | -37.29 | 27.00 |
| 10億円以上 | 58.18 | 34.49 | -35.90 | 32.98 |
| 1億円以上10億円未満 | 35.83 | -36.49 | -20.00 | 23.94 |
| 5000万円以上1億円未満 | 52.22 | -29.63 | -89.58 | 31.77 |
| 2000万円以上5000万円未満 | 21.84 | -17.70 | -60.34 | -2.61 |
| 1000万円以上2000万円未満 | 4.35 | -15.36 | 206.95 | 20.21 |

（資料）法人企業統計調査

これを探るために、2000年代の初めから最近に至る企業の財務状況を見よう。企業の現金・預金保有と利益剰余金の長期的な推移を見ると、図表7－1、図表7－2、図表7－3のとおりである（図表7－3には、12年1～3月期から19年1～3月期の間の変化を示してある）。

図表7－1を見ると、企業の現金・預金保有額は、00年代を通じて130兆円程度の水準だった。00年代末から若干増えたが、150兆円程度であり、これが13年頃まで続いた。ところが、その後、顕著に増加し、最近では200兆円程度の水準になっている。12年頃までと比べると、約50兆円増だ。増加率は、約33％という極めて高い値だ。

利益剰余金は、00年代の前半には200兆円程度の水準だった（図表7－2）。それが00年代の後半に250兆円程度になり、その水準が12年頃まで続いた。ところが、その後、顕著にかつ継続的に増加し、18年には450兆円を超えるまでに積み上がった。19年1～3月の水準は、12年1～3月に比べて72％の増になっている。

このように、現金・預金や利益剰余金の著しい増加は、13、14年以降に起きた現象だ。つまり、カネ余り現象は、日本企業の長期的な傾向ではなく、アベノミクスの時代になってから顕著に進行した現象である。

「カネ余り現象」が生じた基本的な理由は、企業利益が増えたことだ。

企業利益の増加については、すでに第1章で述べた。

営業利益、売上高、人件費の関係の変化は衝撃的なものである。２００９年頃に比べて、利益は2倍くらいに増えたのに、人件費はほとんど変わっていないのだ。

# 2 カネ余り現象が銀行の運用難と収益悪化をもたらした

## 預金が増え、貸し出しは増えず

第2次安倍内閣の発足以降、製造業、非製造業とも利益が著しく増加した。ところが、銀行の利益は減少した。

銀行業の経常利益の推移を見ると、図表7－4のとおりだ。13年1〜3月期には1・2兆円、同4〜6月期には2・2兆円だったものが、19年1〜3月期には0・7兆円にまで落ち込んでいる。

この基本的な原因は、預金が増えるだけで、銀行の貸し出しが増えなかったことだ。

日本銀行の資金循環勘定によると、国内銀行のバランスシートの主要項目の変化は、図表7

―5に示すとおりだ。

負債では、流動性預金が182兆円も増加した。

しかし、資産では、貸し出しは84兆円しか増えなかった。増加率では17・1%だ。(注2)

資産で増えたのは、現金・預金であり、212兆円も増えた。この大部分は、銀行の日銀当座預金（日銀預け金）である。(注3)また、国債・財投債の残高が81兆円減った。

残高をもう少し詳しく見ると、つぎのとおりだ。

2012年には、資産総額936兆円のうち、貸し出しが489兆円、国債・財投債が129兆円で、これらの計618兆円は、資産総額の66・0%を占めていた。一方、現金・預金は43兆円で、資産総額の比率は4・6%でし

**図表7-4　銀行業の経常利益の推移**

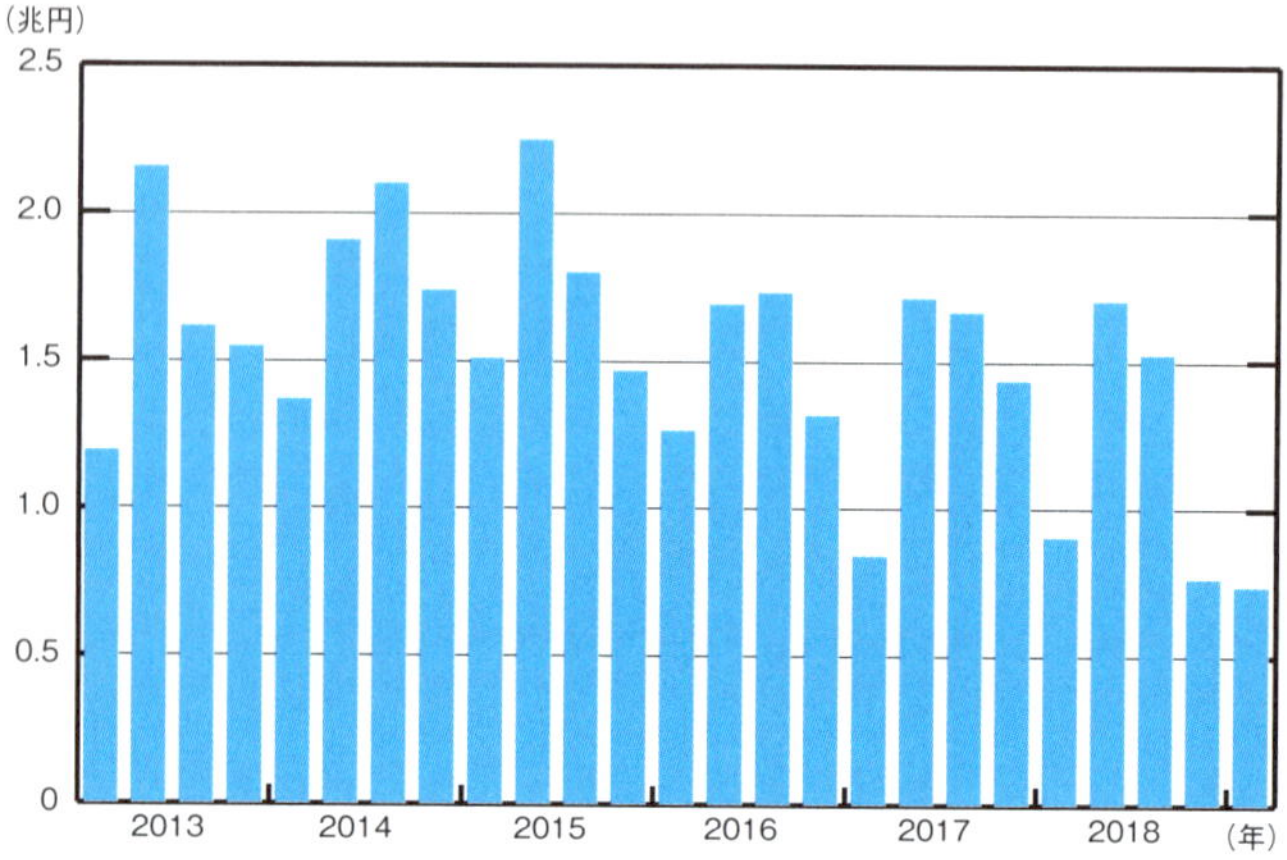


(資料)法人企業統計調査

かなかった。

ところが、18年には、資産総額1117兆円のうち、貸し出しが573兆円、国債・財投債が48兆円で、これらの計621兆円が資産総額に占める比率は、55・6％に低下した。他方で、現金・預金は255兆円となり、比率が22・8％にまで高まったのである。

国債、貸付金など収益率の高い資産が増えず、収益率の低い日銀預け金が増えたのだから、利益が減少するのは当然だ。

（注2）法人企業統計調査では、金融機関借入金（当期末流動負債と当期末固定負債の合計）は全産業（除く金融保険業）で、12年4～6月期の298兆円から18年4～6月期の304兆円へと、6兆円の増加にとどまっている。

（注3）日銀当預残高は、12年12月から18年12月の間に、合計では341兆円増加した。うち、都市銀行は125兆円増だった。

## 日銀預け金の急増は運用難が原因

銀行の資金運用という観点から見ると、預金が増えたのだが、収益を生む有利な運用先がない。つまり、銀行も「カネ余り」現象に直面したのだ。

国債、貸出金、日銀預け金についての推移で注目されるのは、日銀預け金の増加が、国債・

（増加率以外の単位：億円）

| 企業・政府等向け | 国債・財投債 | 流動性預金 | 定期性預金 | 合計 |
|---|---|---|---|---|
| 3,467,077 | 1,289,464 | 3,551,028 | 2,590,862 | 9,364,673 |
| 3,644,256 | 1,086,094 | 3,760,694 | 2,583,268 | 9,297,846 |
| 3,793,261 | 1,156,004 | 3,986,720 | 2,577,215 | 10,103,755 |
| 3,863,696 | 994,873 | 4,294,051 | 2,544,531 | 10,343,232 |
| 4,037,564 | 735,142 | 4,825,023 | 2,462,682 | 10,879,907 |
| 4,162,113 | 618,057 | 5,159,639 | 2,406,739 | 11,047,438 |
| 4,202,318 | 476,370 | 5,367,991 | 2,342,490 | 11,173,374 |
| 735,241 | -813,094 | 1,816,963 | -248,372 | 1,808,701 |
| 21.2 | -63.1 | 51.2 | -9.6 | 19.3 |

財投債の減少よりも大きいことだ。

日銀預け金と国債・財投債の合計は、２０１２年の１６１兆円から、18年の２９０兆円に増加している（国庫短期証券を加えても、１９７兆円から３０２兆円に増加している）。

このように、国債が日銀に買い上げられた以上に、日銀預け金が増えている。

それでも、15年までは、日銀当座預金のうち、法定準備率を超える部分には付利がなされていたので、ある程度の収益があった。ところが、16年１月にマイナス金利が導入されて付利がなされなくなったため、収益が急減したのだ。

このように、利益が急減した直接のきっかけは、付利がなくなったことだ。しかし、日銀当座預金に付利をするというのはもともと正常なことではない。

銀行利益が減少した基本的な原因は、貸し出しが伸び

## 図表7-5 国内銀行のバランスシート

| | 年 | 現金・預金 | 日銀預け金 | 貸し出し | 住宅貸付 |
|---|---|---|---|---|---|
| a | 2012 | 434,401 | 319,687 | 4,894,782 | 1,113,124 |
| | 2013 | 915,681 | 811,573 | 4,995,184 | 1,145,762 |
| | 2014 | 1,360,070 | 1,260,427 | 5,145,334 | 1,173,948 |
| | 2015 | 1,740,788 | 1,646,451 | 5,291,222 | 1,196,089 |
| | 2016 | 2,199,706 | 2,096,400 | 5,539,826 | 1,235,794 |
| | 2017 | 2,408,905 | 2,299,933 | 5,686,326 | 1,267,945 |
| b | 2018 | 2,549,800 | 2,419,175 | 5,732,300 | 1,296,742 |
| 増加額(b-a) | | 2,115,399 | 2,099,488 | 837,518 | 183,618 |
| 増加率(b-a)/a（%） | | 487.0 | 656.7 | 17.1 | 16.5 |

（資料）日本銀行

なかったことだ。それを、それまでは「当座預金への付利」という不自然な方策で覆い隠していたのだが、それがなくなり、問題の本質が露《あらわ》になったと考えるべきだ。

日本銀行は、マイナス金利導入によって、銀行からの日銀預け金への流入を減らし、その分が貸し出しに向かうことを狙ったのだろう。

確かに、これによって貸し出しは増えはしたものの、それまでに比べて増加率が顕著に上昇したわけではない。

むしろ重要なのは、マイナス金利にもかかわらず、日銀預け金が増え続けたことだ。これは、運用難の圧力がいかに強いかを示している。

なお、一般には、マイナス金利政策のために長短金利差がなくなり、利ザヤを稼げなくなったことが、金融機関の収益悪化の原因だとされている。

しかし、右で見たような事情があるのだから、仮に長期金利が高かったとしても、銀行は同じような利益減に陥っただろう。

## カネ余りは金融緩和でなく運用難で生じた

では、カネ余り現象と金融緩和政策との関係はどうなっているのか？

多くの人は、「金融緩和の結果、カネ余りが起きた」と思っている。新聞などでしばしば使われる表現では、「輪転機を回して日銀券をどんどん刷った」とか「日銀が市場にジャブジャブに現金を供給した」というものだ。

しかし、こうしたことは起きていない。これについて、以下に説明する。

経済学の教科書では、金融緩和政策はつぎのような過程を通じて有効需要を増大させると説明されている。

金融緩和をすれば貸し出しが増える。その一部が預金になって戻ってくる。それを使ってさらに貸し出しを増やす。こうして、貸し出しと預金が増え続ける。これが「信用創造」と呼ばれる現象だ。これによって貸し出し、設備投資、住宅投資などが増加し、経済全体が活性化するとされる。

しかし、過去数年間の日本で実際に起こったのは、このようなことではなかった。

銀行は、預金が増える半面で貸し出しが増えず、しかも、国債が日銀に買い上げられるので、やむを得ず、日銀預け金を増やしたのだ。

金融機関以外の産業では、利益剰余金が増えて現金・預金が増えたのだが、同時に設備投資も増やした。しかし、金融機関では、設備投資を大幅に増やすという選択肢がないので、日銀預け金が増えてしまったのだ。

企業の「カネ余り」に始まった現象は、以上のような過程を通じて、日銀当座預金の異常な増加をもたらした。しかし、日銀当座預金はマネタリーベースであって、マネーストックではない。このため、次項で詳しく見るように、市中に出回るお金の量であるマネーストックが増えなかったのである。

金融緩和政策は完全に空回りしたのだ。

## マネーストックは増えていない

「カネ余り」という言葉を用いたが、これは、厳密に定義された概念ではない。

ここでは、企業が保有する現金・預金の残高が適正水準に比べて過剰であることを「カネ余り」と表現した。いかなる水準が適正であるかを厳密に評価するのは難しいが、現金預金の残高の対売上高比が2012年頃まではほぼ一定であったことから、その水準を基準に評価すればよいだろう。

ところで、「カネ余り」ということに関連する概念として、「マネーストック」がある。つまり、市中に存在するマネーの総量が過剰であることが「カネ余り」だとするものだ。

もちろん、これについても、「カネ余り」という言葉が示すこと、つまり「あるべき水準に比べて過剰」なのかどうかは、直ちには分からない。ただ、これについても、ある時期までは一定の水準だったが、それに比べて現状が多くなっていることを「カネ余り」と考えることができるだろう。では、この意味での〈カネ余り〉は実際に生じているだろうか？

一般には、13年からの金融緩和政策によって、右の意味でのカネ余り現象が生じたと考えられている。

しかし現実には、マネーストックについて、08年頃からの長期的傾向はほとんど変わっていない。そして、13年3月から19年5月の間に、19・3％しか増加していないのだ。これは、「金融緩和政策を行なったが、空回りだった」としか表現しようがない状況だ。

こうなった理由は、すでに見たように、企業が金融機関からの借入金を増加させない（あるいは減らしている）からだ。現代の経済では、マネーストックの大部分を占める銀行預金は、銀行の貸し出しを通じて信用創造される。銀行の貸し出しが増えなければ、マネーストックは増えないのである。

では、なぜ企業は金融機関借入金を増加させなかったのか？　それは、すでに述べたように、利益剰余金が増えて手元資金が潤沢だったからである。

つまり、企業の利益が増えたためにマネーストックが増加せず、したがって、金融緩和政策が機能しなかったのである。

金融緩和で金利を下げたから設備投資が増えたのではない。実際、すでに見たように、金融機関からの借り入れは増えていない（あるいは減少している）。

この意味で、金融緩和はまったく無意味だった。長期金利を無理やりに押し下げて、金融機関の収益を悪化させるだけの効果しかもたらさなかった。

## 企業は株式保有を減らしている

「運用難」ということに関連して注目されるのは、企業が保有する株式の額が、この期間に約17兆円も減っていることだ。公社債の保有も、約37兆円と大きく減少している。

株価が上昇して株式市場が活況を呈する中で、なぜ企業が有価証券投資を増やさなかったのだろうか？

理由ははっきりしないが、考えられるのは、企業が将来の株価に関して、楽観的な見通しを持っていないことだ。

つまり、株価上昇は一時的なものであり、将来は下落のリスクがあると考えられている。そのため、利回りは低いが流動性が高い安全な資産である現金・預金の保有を増やしたのだと考えることができる。

この解釈が正しいとすれば、この数年間の株式市場の活況は、日本銀行によるＥＴＦ購入や、年金積立金管理運用独立行政法人（ＧＰＩＦ）の購入によって「作られた」ものだったことになる。個人と外国人はそれに乗せられて購入したが、企業は動かなかったということだ。

いずれにしても、企業にとっては、増加した利益剰余金の使い道がなかった。だから、やむを得ずに現金・預金を増やしたのだ。

このため、企業の借り入れが増えず、銀行の貸し出しが増えなかった。したがって、信用創造が起きず、マネーストックが増えなかった。

このようにして、金融緩和政策が本来実現すべき効果が実現できなかったのである。

# 3 民間設備投資の9割がカネ余りによる過剰投資の可能性

## 設備投資は顕著に増加

第2次安倍内閣発足後の期間に、設備投資は顕著に増加した。

消費や賃金が停滞したにもかかわらず経済が活況を呈しているように見えるのは、投資が増大したために建設工事が進んでいる様子が日常生活でも観察され、また、地価も上昇したことの影響が大きい。

GDP統計で設備投資の状況を見ると、2012年までは、増加傾向が見られず、むしろ減少する場合もあった。しかし、13年以降は顕著に増加している。

家計消費支出は、この期間を通じて伸びず、ほぼ一定の値にとどまったことに比べると、大きな違いだ。

12年4~6月期から18年4~6月期の間に、名目家計消費は4・7%しか増加しなかったのに対して、名目企業設備投資は23・8%も増えたのである。

## 売り上げが伸びたからか？　金利低下や利益増も要因

設備投資に影響を与える要因としては、次の3つのものが考えられる。

第1は売上高だ。売上高の伸びが高ければ将来も売上高が増加すると予想され、それに備えるために設備投資を行なうことになる。

第2は営業利益だ。営業利益が増加すれば、企業の内部資金が潤沢になるため、それを資金源として投資を行なうことができる。

第3は金融的な要因だ。金融緩和政策によって金利が低下すれば、借り入れによって投資資金を賄うことが容易になり、投資が増える。

本来は、売り上げが増加するのに対応して投資が行なわれるのが正常だ。しかし、売り上げが増えなくても、金利が低下したり、利益が増えたりすれば、投資資金が潤沢になるために、投資が行なわれる。しかし、それは、将来の売り上げとの比較でいえば、過剰な投資となる危険がある。

それは過剰設備となって、将来の企業経営を圧迫するだろう。

これは、しばらく前にも起こったことだ。テレビ産業や液晶産業では、リーマンショックの後にも大規模な工場建設が行なわれた。それが2011年に、エレクトロニクス関連企業の大幅赤字の原因となったのだ。

この数年間の投資ブームも、同じような過剰投資だった危険がある。実際にそうだったか否かは、企業の投資の状況と売上高や利益の状況を比較することによって判断できるだろう。

そこで、以下では、法人企業統計調査で業種別や企業規模別の動向を分析することによって、右の第1の要因（売り上げ）と第2の要因（利益）のどちらが設備投資に大きな影響を与えたのかを分析することにしよう。

## 製造業で過剰投資が行なわれた可能性

以下では、法人企業統計調査の全産業（除く金融保険業）について、2012年4～6月期と18年4～6月期を比較する。(注4)

まず、全産業（除く金融保険業）を見る。図表7－6の最上欄に示すように、前記の期間に、設備投資は28・3％増加している。

ところが、この期間に売上高は10・0％しか増えていない。

設備投資の伸びが売り上げよりも高いということは、先の第1の要因（売り上げ）よりは第2の要因（利益）のほうがより大きな影響を設備投資に与えた可能性が高いことを意味する。

実際、この期間の営業利益の増加率は、76・8％という極めて高い値だ。

## 図表7-6 業種別の設備投資、売上高、営業利益

| 業種 | 2018年4～6月（百万円） | | | 2012年4～6月から2018年4～6月への増加率（%） | | |
|---|---|---|---|---|---|---|
| | 設備投資 | 売上高 | 営業利益 | 設備投資 | 売上高 | 営業利益 |
| 全産業（除く金融保険業） | 10,661,321 | 344,614,891 | 18,198,758 | 28.3 | 10.0 | 76.8 |
| 製造業 | 3,884,069 | 99,088,618 | 5,404,324 | 23.7 | 3.3 | 99.3 |
| 非製造業 | 6,777,252 | 245,526,273 | 12,794,434 | 31.1 | 13.0 | 68.8 |
| 建設業 | 364,629 | 25,667,193 | 902,719 | 23.5 | 17.6 | 138.8 |
| 電気業 | 716,602 | 5,953,390 | 262,352 | 41.2 | 36.0 | -173.3 |
| 情報通信業 | 809,438 | 17,285,034 | 1,895,216 | -2.8 | 28.3 | 54.9 |
| 運輸業、郵便業（集約） | 1,065,499 | 15,057,222 | 1,177,886 | 50.1 | 1.6 | 36.4 |
| 卸売業、小売業（集約） | 1,349,862 | 128,471,198 | 2,821,562 | 13.8 | 8.4 | 52.1 |
| 卸売業 | 486,654 | 88,591,696 | 1,721,972 | 6.9 | 12.1 | 50.4 |
| 小売業 | 863,208 | 39,879,502 | 1,099,590 | 18.1 | 1.1 | 54.9 |
| 不動産業 | 569,520 | 8,753,170 | 1,200,710 | 66.9 | 29.6 | 31.3 |
| サービス業（集約） | 1,130,247 | 38,241,064 | 4,093,023 | 34.6 | 18.9 | 87.6 |
| 宿泊業 | 106,295 | 1,799,024 | 44,133 | 37.3 | -3.9 | 497.8 |
| 飲食サービス業 | 125,878 | 3,316,163 | 75,729 | -0.6 | -10.9 | -33.7 |
| 生活関連サービス業、娯楽業（集約） | 319,299 | 8,527,064 | 408,340 | 23.3 | 16.4 | 76.5 |
| 学術研究、専門・技術サービス業（集約） | 249,232 | 10,444,325 | 2,838,776 | 84.3 | 18.7 | 98.0 |
| 広告業 | 22,201 | 3,381,922 | 114,076 | 19.6 | -14.3 | 24.3 |
| 医療、福祉業 | 36,455 | 1,497,142 | 43,752 | -32.2 | 70.9 | -20.7 |

（資料）法人企業統計調査

つまり、「将来、売り上げ増が予想されるから、それに対応するために投資をする」というよりは、「現在、投資資金があるから投資をする」ということになっている可能性がある。

設備投資の増加率を業種別に見ると、製造業は23・7%であり、非製造業は31・1%だ。

増加率だけを見れば非製造業のほうが高いのだが、売上高の増加率は、非製造業は13・0%であるのに対して、製造業は3・3%でしかない。つまり、設備投資の増加率と売上高の増加率の乖離《かいり》は、製造業でより顕著だ。

これは、つぎのようなことが生じた可能性を示唆している。

製造業では、将来、売上高が増加する可能性は低い。だから、本来は更新投資だけを行なっていればよかった。それにもかかわらず、設備投資が大きく増えた。

これは、利益が99・3%という非常に高い伸びを示し、また、金融緩和のために借り入れが容易になったためだ。

このことは、製造業で過剰投資が行なわれた可能性が高いことを示唆している。

(注4)新聞などで法人企業統計調査の「設備投資」として報道されるのは、金融業、保険業を含む全産業の設備投資である。19年1~3月期の全産業(金融業、保険業を含む)の設備投資額は、16兆4400億円だ。ところが、金融業、保険業を含む全産業の統計では、業種別や企業規模別が分からない。そこで、ここでは、金融業、保険業を除く全産業についての統計を用いて分析している。

これらの間の関係は、つぎのとおりだ。19年1～3月期において、金融業、保険業の設備投資額は7638億円なので、金融業、保険業以外の設備投資は、15兆6762億円だ。この系列が、ここで見ている数字である。

## 運輸業や宿泊業は、売り上げの伸びが低いのに設備投資が増加

非製造業を業種別に見ると、つぎのことが観察される。

設備投資の増加率が30％を超える増加率を示したのは、電気業（41・2％）、運輸業、郵便業（集約）（50・1％）、不動産業（66・9％）、サービス業（集約）（34・6％）、宿泊業（37・3％）、学術研究、専門・技術サービス業（集約）（84・3％）だ。

建設業も、23・5％とかなり高い増加率を示している。

これらのうち、電気業、建設業、不動産業、学術研究、専門・技術サービス業（集約）では、売上高の伸び率も高い。

しかし、運輸業、郵便業（集約）と宿泊業は、売上高の伸びが低い（あるいはマイナスである）にもかかわらず、設備投資の伸びが高くなっている。

これらの業種では、利益の増加率が高い値になっているので、設備投資の増加率が高くなったのだろう。それは、製造業の場合と同じように、過剰投資である可能性が高い。

なお、小売業でも、売上高の増加率は低いにもかかわらず、設備投資の増加率は低くはない。建設業、不動産業では売り上げの増加率が高いのだが、それは、これまで見てきたような他業種の過剰投資によって実現した面が強い。そうであれば、建設業、不動産業における過去の売り上げ増は、将来の売り上げ増を必ずしも約束しないことになる。そう考えれば、建設業、不動産業の設備投資も過剰投資だということになる。

こうした見方が正しいとすると、将来の売り上げ増期待に支えられた「正常な」設備投資増は、電気業と学術研究、専門・技術サービス業（集約）のものに限られるということになるだろう。

ところが、これらの業種での設備投資額は、２０１８年４〜６月期に９６５８億円だ。これは、同期間の金融業、保険業を除く全産業の設備投資総額10・7兆円の９・１％でしかない。

つまり、過去数年間の設備投資の約９割は、過剰投資だった可能性があるのだ。

問題は、それだけではない。

この期間に企業利益が増えた大きな原因は、すでに見てきたように、売上高が増えたからではなく、人件費を抑えてきたからだ。こうした原因によって利益が増え、それが過剰設備投資の資金源となり、過剰投資が将来の企業経営を圧迫するということになれば、大きな問題だ。

なお、以上で見た業種とは逆に、情報通信業、医療、福祉業では、売上高の増加率は高いにもかかわらず、設備投資の増加率が低い値（あるいはマイナス）になっている。(注５)

医療、福祉業で減っているのは、利益が減っているからだろう。情報通信業についての理由は不明だ。飲食サービス業は、売上高も利益も、設備投資もマイナスの伸びだ。

（注5）法人企業統計調査では、法人形態で行なわれている事業しか分からない。しかし、医療、福祉分野では、法人以外の形態の事業が多い。したがって、この分野の全体的な姿は、法人企業統計調査だけからは判断できない。

## カネ余りに対処する手段は法人税増税

では、以上の状況を解決するには、どうしたらよいか？

第1の方策は、給与引き上げを企業に強制することだ。これによって企業利益が減少するので、「カネ余り」現象は解消するだろう。他方で、給与が増加するので消費が増え、経済は活性化する。

しかし、日本は計画経済国家ではないので、こうした政策はとれない（安倍内閣は、春闘に介入することで、このような計画経済的政策を行なおうとしたが、春闘で決まる賃金はいまや経済全体の中でわずかなシェアしかないので、全体の賃金動向に影響を与えられなかった）。

第2の方策は、企業の将来見通しを変えることによって、設備投資需要を増大させることだ。

これは構造改革政策だ。こうした政策が実際に導入され、成功することが望まれる。しかし、これは簡単なことではない。

第３の方策は法人税の増税だ。

それによって、企業の税引き後利益が縮小し、「カネ余り」現象は解消する。

他方で、それが経済に悪影響を与えることはない。企業の現金・預金保有を減らすだけである。それによって、金融機関の収支も好転するだろう。

増税した法人税を財源として、所得税を減税し、あるいは年金を増額することもできる。

こうすれば、消費が増え、消費主導型の経済成長が実現する。

現在は、このような政策を提言する絶好のチャンスだ。野党としては、このような観点から現在の経済政策を批判し、法人税増税を主張すべきだ。それなのに、そうした主張をしていない。

立憲民主党は内部留保課税を主張している。しかし、これは二重課税であり、正当化できない。正面から法人税増税を主張すると、経済への悪影響という反発があることを恐れているのだろう。

しかし、これまで見たように、人件費圧縮による企業利益の増大こそが経済停滞の原因なのだ。内部留保課税などと腰の引けたようなことをいわずに、法人税率そのものの引き上げを主張すべきだ。

# 第8章

# 統計不正問題とは何だったのか？

## 3つのステップで「統計不正問題」を理解しよう

### 1 疑問を持とう　統計不正問題とは、結局、何だったのか？

2019年1月に、厚生労働省が作成する「毎月勤労統計調査」の調査方法に不正があったことが明らかになり、国会で議論が行なわれました。何が問題だったのでしょうか？　なぜそのような問題が起きたのでしょうか？　その問題は解決されたのでしょうか？

### 2 仮説を立てよう　統計数字を操作しようという意図的な不正だったのか？

野党は、「意図的な不正があったのではないか」という点を問題にしました。つまり、「経済政策の効果をよく見せるために、データを操作して、賃金上昇率を実態より高めに見せようとしたのではないか？」という指摘です。これが、野党の「仮説」です。本当にそのようなことが行なわれたのでしょうか？

### 3 データで確かめてみよう　意図的にデータを操作したとは思えない

公表されていた数字と修正後の数字を比べると、ほとんど有意な差は見られません。

ポイント図表

**図表8-2 元データによる賃金指数の対前年伸び率（1991～2017年）**

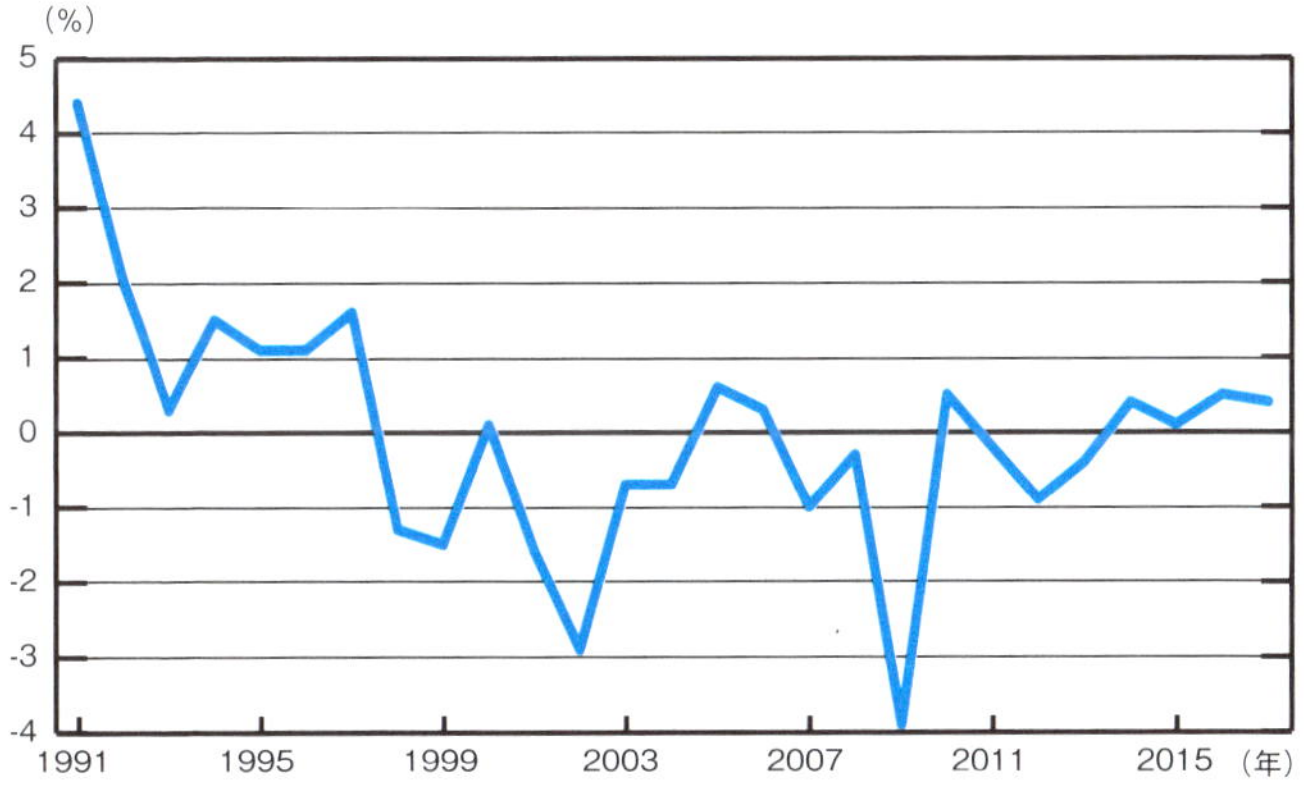


（注）現金給与総額、5人以上の事業所、調査産業計
再集計値が計算される前のデータ
（資料）毎月勤労統計調査

図表８－２は、私が保存していたデータによって描いた実質賃金指数の対前年伸び率の推移です。こうしたデータは、日本経済を分析する上で欠かせません。ところが、19年１月に毎月勤労統計調査の不正が発覚し、厚生労働省は11年以前のデータをすべて消去してしまいました。したがって、いまの日本では、信じられないことに、図表８－２のような図を描くことができず、賃金の長期動向の分析ができません。

調査方法の不正は問題ですが、データがなくなったのはもっと深刻な問題です。

**グラフを自分で描いてみよう**

図表8-2のデータと、それをグラフに描く方法の説明が、サポートページにあります。下のQRコードをスマートフォンのカメラで認識させて、開いてください。

毎月勤労統計の調査方法に不正があったことが大きな社会問題となった。その結果、過去のデータが消去され、政策判断ができなくなっている。

# 1 毎月勤労統計調査問題（その1）東京都を全数調査しなかった

## 全数調査すべきなのに、抽出調査に切り替えた

２０１９年１月に、毎月勤労統計調査の不正が問題となった。

まず、この概要を説明しよう。

毎月勤労統計のデータの作成法がこれまでどう変わってきたかをまとめると、つぎのとおりだ。（図表８－１参照）

①５００人以上の事業所については、全数調査をする規定になっている。しかし、04年以降、東京都については、抽出調査に切り替えた。後で説明する理由で、東京都の値が過少に反映さ

## 図表8-1 毎月勤労統計のデータの公表状況

| データの公表時点 | データの対象期間 | | | |
|---|---|---|---|---|
| | ～2003年 | 2004～2011年 | 2012～2017年 | 2018年 |
| 1 | 東京、全数 | 東京、抽出 | 東京、抽出 | 東京、抽出 |
| 2 | 東京、全数 | 東京、抽出 | 東京、抽出 | 東京、復元 |
| 3 | なし | なし | 東京、復元 | 東京、復元 |

（注1）「データの公表時点」の区分は以下のとおり
1：2017年末までのデータが公表されていた時点（2018年2月まで）
2：2018年のデータまでが公表されていた時点（2018年12月まで）
3：2019年1月

（注2）「東京、全数」とは、東京都の500人以上の事業所につき全数調査が行なわれたことを示す
「東京、抽出」とは、東京都の500人以上の事業所につき抽出調査が行なわれ、復元処理がなされなかったことを示す
「東京、復元」とは、東京都の500人以上の事業所につき抽出調査が行なわれ、復元処理がなされたことを示す
「なし」とは、データが公表されていないことを示す

れることとなり、賃金の値が本来より過少になった。

②18年1月から、東京都のデータの補正作業を行なった。後で説明するように、この結果、全体の伸び率が高まった。

さらに、12年から17年のデータについて補正作業を行ない、それを19年1月に公表した。

この結果、つぎのようなことになった。

17年末の時点では、03年と04年の間でデータに不連続が生じていた。

18年末の時点では、これに加えて、17年と18年の間で不連続が生じた。

現時点では、11年まではデータが消去されている。

## 抽出調査で補正をしなかったのは初歩的なミス

この問題に関して、一般には「500人以上の企業は全数調査すべきなのに、東京都については抽出調査をしていた」ことが批判されている。

規定と異なる方法で調査が行なわれていたことは、もちろん問題だ。

ただし、抽出という手法が常に問題であるわけではない。抽出は、統計調査ではごく普通のことだ。

問題は、抽出が行なわれたことそれ自体ではなく、その後の処置だ。

厚生労働省は「毎月勤労統計調査において全数調査するとしていたところを一部抽出調査で行っていたことについて」(2019年1月11日)で、これを「異なる抽出率の復元」を行なっていなかったと表現している。これは分かりにくい表現だが、つぎのようなことだ。

例えば、東京都だけ3分の1抽出をしたのなら、それを3倍しなければ他の道府県とアンバランスになってしまう。それにもかかわらず、それを行なわなかったということだ。このため、東京都のデータが過小評価されたのである。(注1)

これは、信じられないような、まったく初歩的なミスだ。

また、雇用保険の給付を切り下げるため、意図的に行なったのではないかという臆測がされている。しかし、多分そうではなく、単純なミスだろう。

統計数値を過少にして雇用保険の給付を切り下げようなどと、統計担当者が考えるはずはない。もし露見したら大変だ。そんなことをしても、担当者には何のメリットもない。

ただし、こうしたミスがあることは、内部ではいずれかの時点で認識されたと思われる。それにもかかわらず、放置された。これこそが大きな問題だ。

このミスを修正する作業は、18年1月から行なわれた。これが、前記②のデータ補正だ。補正するのであれば、そのことを明らかにし、かつ、18年からだけでなく、過去に遡《さかのぼ》って04年からのデータをすべて補正すべきだった。しかし、それを行なわなかった。これも問題だ。

18年1月のデータ補正について野党などから指摘されているのは、現政権からの圧力だ。毎月勤労統計調査の数字は、水準も伸び率も低いという意見が政権内であったというのだ。「政権のそうした批判を受けて、伸び率を高くする補正をしたのではないか」と野党は臆測する。

しかし、こうしたことがあったとも考えにくい。実際、再集計後の指数は、17年で高くなり、18年で低くなっている。

（注1）朝日新聞（19年1月26日）によると、04年以前から、中規模事業者の抽出についても同様のミスがあったとされている。そうだとすると、間違いは04年に生じたことではなく、それ以前からあったことになる。

## 2011年以前のデータは復元できない!?

重要なのは、「今後どうするか？」である。

厚生労働省は、前記「毎月勤労統計調査において全数調査するとしていたところを一部抽出調査で行っていたことについて」の中で、こう書いている。

「公表値において行うべき復元を行っていなかった平成16年から平成29年までの期間のうち、復元に必要なデータ等が存在する平成24年以降について復元して『再集計値』として公表します」

さらに、「時系列比較の観点から、これまでの公表値についても、今後も引き続き提供してまいります」とした。

しかし、その後に出された「追加資料」（2019年1月17日）では、その計算に必要な「個票データが見つかっていない」としている。つまり、「11年以前については、再集計値と同じベースのデータは復元できない」と言っているのだ。

復元に必要な資料は「捨てた」と報道されているのだが、これも信じられないことだ。

では、どうやって11年以前のデータを計算するのか？　どんな方法で行なうにせよ、その期間のデータは、復元できないことになる。

これこそが、大きな問題である。

# 2 本当に深刻な問題は賃金データの「消失」

## データが消えて、賃金の分析ができない状況

毎月勤労統計調査では、もともと１９５２年からのデータがあった。しかし、図表８－２に示すように、２０１９年１月23日に公表された最新の長期時系列表では、11年以前のデータがすべて消えてしまった。

別の表を辿《たど》ってつなぎ合わせれば、それ以前のデータも（少なくとも部分的には）、何とか探し出すことができる。しかし、07年10月公表のものによって03年まで辿れるのが限度だ。

02年以前は、公表データの中からまったく消え失せてしまったことになる。

まさかデータが利用できなくなるとは、予想もしていなかった。

厚生労働省のホームページを見ても、11年以前がいつ利用できるようになるのか、まったく分からない。また、改定前のデータと比較し、どこがどう変わったか、どう使えばよいかなど

を詳しく説明すべきだが、そうした説明は一切ない。

これでは、賃金についての分析ができないという、前代未聞の状態だ。

不正な調査手法も問題だし、その責任追及も必要だ。しかし、データを利用できないというのは、さらに大きな問題だ。

## 過去のデータの評価

私は以前のデータを、作業用のファイルに保存してあったので、1952年からのデータを持っている。こんなことになると思って保存していたわけではないが、いまとなっては貴重な財産だ。

ここにある元のデータにおける2000年頃からの伸び率の推移を示したのが、図表8-2だ。このグラフは、いま公表されている政府統計では描くことのできない「貴重な」グラフになってしまった。

これを見ると、調査方法の改定が行なわれた04年の伸び率は高くはない。しかし、伸び率低下は、この頃の経済環境を考えると不思議ではない。実際、02年の値はもっと低い。だから、ここでデータの不連続が生じたことが一般には気づかれなかったのも、無理はない。

18年1月にデータ補正された影響は、つぎのとおりである。

**図表8-2 元データによる賃金指数の対前年伸び率(1991～2017年)**

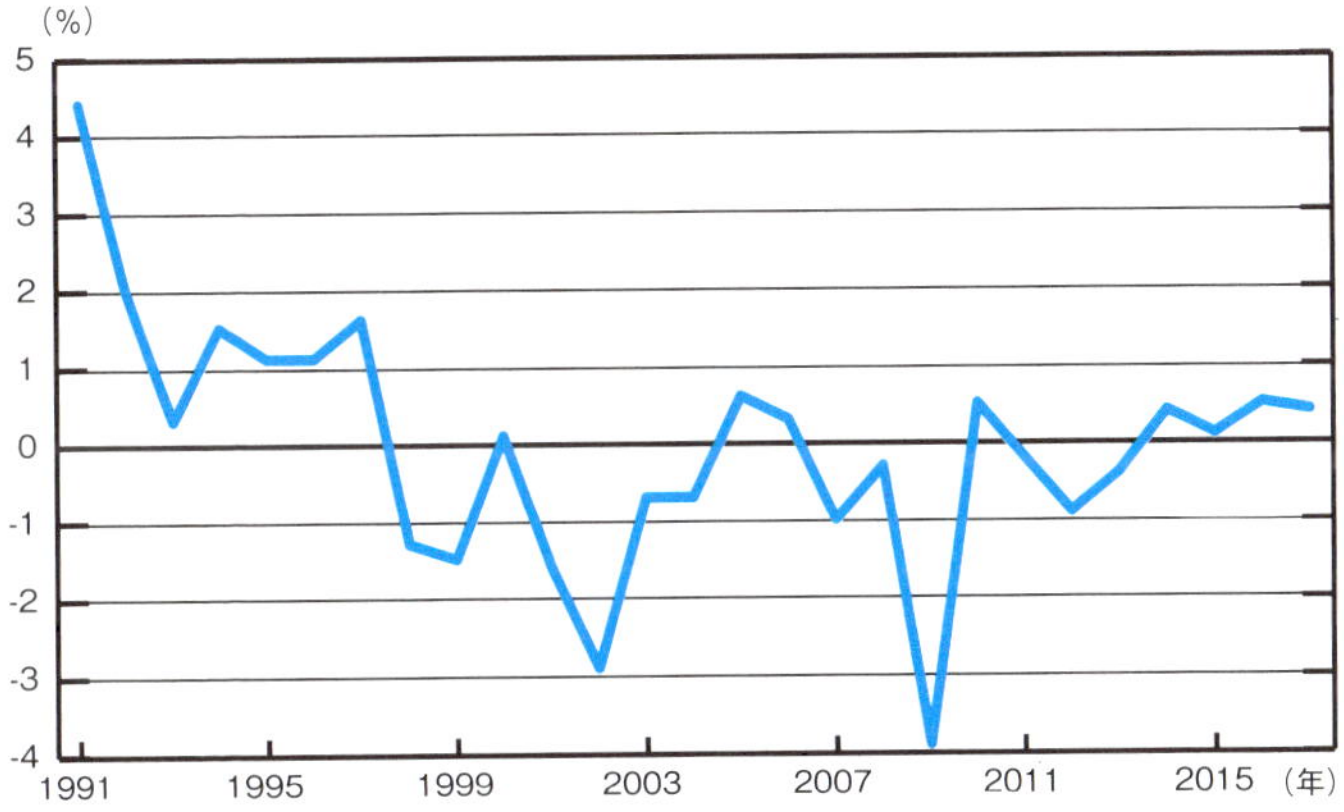


(注)現金給与総額、5人以上の事業所、調査産業計
再集計値が計算される前のデータ
(資料)毎月勤労統計調査

17年1月～18年10月までの期間の伸び率の平均は、従来の公表値では0・9％で、不正発覚後、厚労省が再集計した値では0・88％だ。18年1～10月の期間では、従来の公表値1・50％、再集計値1・32％だ。このように、再集計値の伸び率が低いのは事実だが、あまり大きな差ではない。

なお、指数を比較すると、つぎのとおりだ。17年1～12月では、再集計値は従来の公表値より0・5ほど高くなり、18年1～10月では、再集計値は0・4ほど低くなっている。このため、18年の伸び率が低下したのである。ただし、この差は、グラフで見てもほとんど分からないほど小さなものだ。

## 賃金データがなくては政策決定ができない

賃金データが改定されたことにより、雇用保険などの給付が過少になり、その調整が必要になった。これは確かに大問題だ。

ただし、問題は、それだけではない。政策を検討する際の基礎データがなくなってしまったので、政策決定ができないという問題がある。

とりわけ問題になるのが、「公的年金の財政検証」だ。将来にわたる年金制度の基本的な姿が、ここで決められる。その際に重要なのは、実質賃金の伸びの想定だ。これいかんによって、結果は大きく異なる。

財政検証で想定されている実質賃金の伸び率は、高すぎる。このため、人口構造上の深刻な問題が覆い隠されている。人口構造の変化を考えると、負担率を4割程度引き上げる必要があるはずなのだが、高い実質賃金の伸び率を想定することで、現在の保険料率のままで制度を維持できるという結論になっているのだ。

こうしたバイアスを正し、将来の賃金上昇率に関して正しい想定をすることが、極めて重要だ。そのためには、過去のデータの分析が必要だ。しかし、過去のデータが消滅してしまったので、そうした分析ができない。

そして、復元作業を行なうために必要な資料は、破棄されてしまったとされている。

だから、実質賃金の伸び率について財政検証でどんな値を想定するにせよ、それはデータ分析に基づかない「虚構の値」ということになってしまう。

日本は、年金という重大な問題に関する政策を決定できない国になってしまったのだ。

# 3 毎月勤労統計調査問題（その２）抽出対象の入れ替えは問題か？

## 対象の入れ替えがない場合のデータが発表されるようになった

毎月勤労統計調査では、５００人未満の事業所は抽出調査になっている。この対象は３年ごとに入れ替えられる。２０１８年１月には、ルールに従って入れ替えが行なわれた。

ところが、18年３月の閣議決定に基づいて、18年１月確報以降は、「共通事業所」のデータが「参考データ」として発表されるようになった。「共通事業所」とは、「前年同月分」および「当月分」ともに対象となっている事業所だ（したがって、サンプル数が少ない）。

なお、参考データでは、名目値のみが公表されており、実質値は発表されていなかった。

## 「4つのデータ」はどれが正しいのか

本来は全数調査が行なわれるべき東京都の従業員500人以上の事業所を抽出調査で行なってきたことが発覚したのに伴い、厚労省は、2012年以降のデータにつき再集計を行ない、これを19年1月23日に公表した。これは、500人以上の事業所について、全数調査に近づける補正をし、500人未満の事業所は対象を入れ替えた後のものだ。

結局、17年から18年について見ると、4つのデータがあることになる。

A：18年に調査対象を入れ替えたデータで、18年12月までの段階において公表されていたもの。

B：18年に調査対象を入れ替えたデータで、現時点において公式のデータとして公表されているもの。

C：18年に調査対象を入れ替えない場合のデータで、18年12月までの段階で公表されていたもの。

D：18年に調査対象を入れ替えない場合のデータで、現時点において公表されているもの。

なお、CとDの数値は、ほとんど違いがない。

18年について見ると、C、Dの伸び率は、概してA、Bより低くなっている。18年6月は、Aで3・3％だったものが、Bでは2・8％になった。Cでは1・3％であり、Dでは1・4％になっている。

## 新たなデータ偽装問題か？

その後、野党が実質賃金のデータを計算し直したところ、2018年の多くの時点で伸び率がマイナスになり、厚生労働省もそれを認めたと報道された。そしてこれが新たなデータ偽装問題であるかのように報道された。

しかし、どのデータが適切かは議論の余地がある。

野党の批判は、「公表データではなく参考データを用いて実質賃金を計算すると、上昇率が下がる」というものである。

この考えに基づいた実質賃金は、簡単に計算することができる。結果を、公表実質賃金と比較して示すと、図表8－3のようになる。

ここに見られるように、「18年では多くの月でマイナスになる」というのが野党の主張だ。

図表8-3 実質賃金の対前年同月比（現金給与総額の対前年同月比）

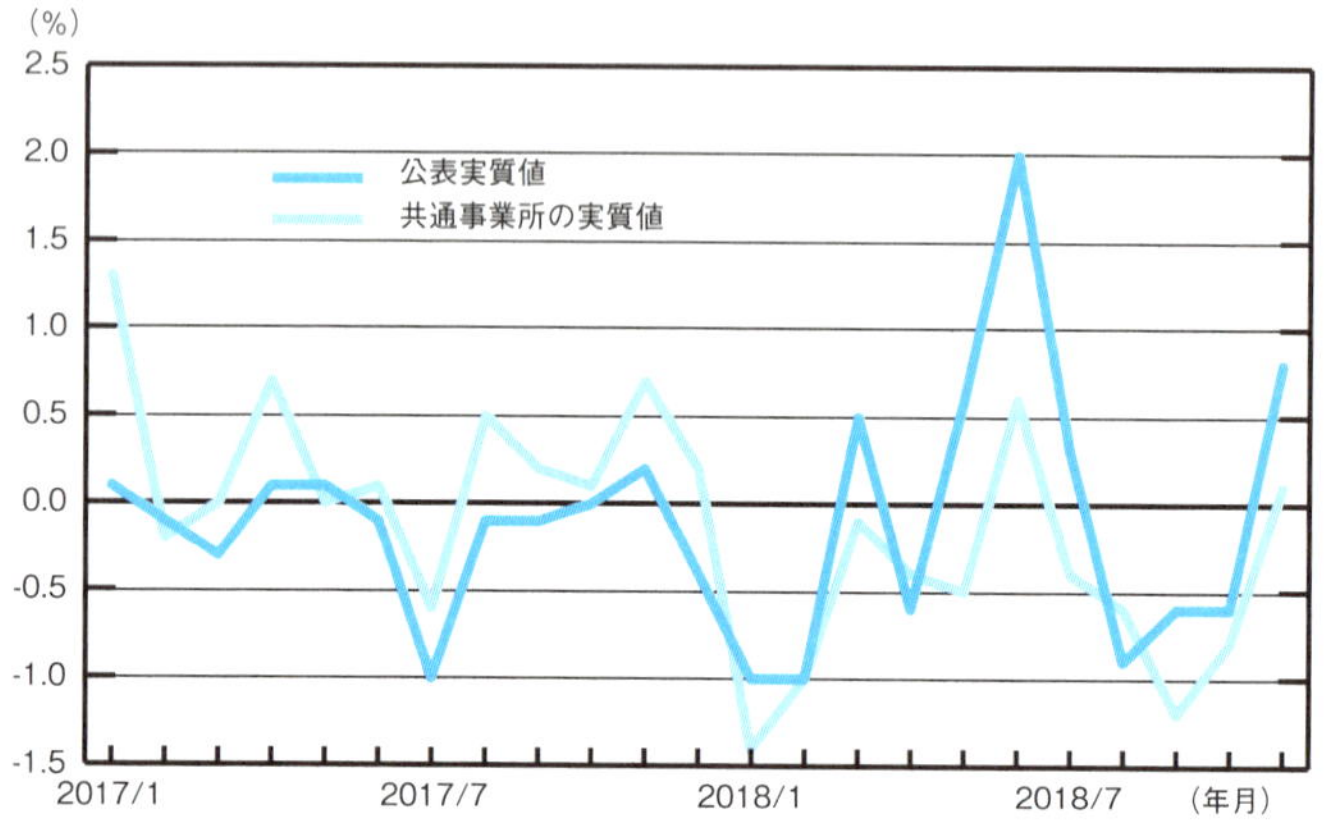


（注）一般労働者、5人以上の事業所
（資料）毎月勤労統計調査

なお、厚生労働省は、野党の計算と同じ考えに基づく実質賃金のデータを公表した。

## 「入れ替えなしデータが正しい」とは言えない

ここで問題となるのは、BとDのどちらのデータを取るべきなのかということだ。

これについて、「抽出対象を入れ替えた公表データBは間違いであり、入れ替えない参考データDのほうが正しい」とする意見が見られる。対象を変えてしまえば「違う人の身長を比較して身長が伸びた」というようなものので、おかしいというのである。

朝日新聞は、2019年1月31日に、そうした考えに基づく野党の試算を紹介し、さらに「総務省は実際の賃金の動向をつかむには、

17年も18年も続けて調査対象となった事業所に限った調査結果を重視すべきだとしている」と報じた。

しかし、共通事業所のデータDが正しくて公表データBが間違いとは言えない。どちらを見るべきかは、「何を知りたいのか？」という目的によって決まることだ。

例えば、ある家を考え、「そこに住んでいる人の平均年齢はどう変化するか？」という問題を考えるとしよう。ある程度の期間を取れば、結婚相手が入ってくるだろうし、子供が生まれるだろう。あるいは死去する人もいるだろう。つまり、住んでいる人は変わるわけだ。

しかし、その家に住んでいる人の平均年齢という点から言えば、そのような変化を盛り込んだものを見るべきだ。この場合には対象が変わるわけである。

経済全体を対象にする場合にも、こうした見方が適切である場合が多い。

対象が入れ替わったのであれば、確かに、連続性はない。しかし、日本の平均賃金を見たいと言うのであれば、対象は入れ替えるべきだろう。

多くの統計は、数十年間という期間にわたって調査が行なわれている。この場合に調査の対象が変化するのは、当然のことだ。

## 実質賃金が下落する状況からの脱却こそが重要

現実のデータについて重要な点は、図表８－３に示されているように、公表値Bで見ても、実質賃金は低下しているということだ。

年平均データで見れば、２０１２年から17年の間にマイナス３・７％、１月のデータで見れば、12年から18年の間にマイナス５・１％下落している。

この間に消費税の税率が５％から８％に引き上げられているが、これが消費者物価に与える影響は２％程度と考えられる。右の実質賃金の推移には、この影響も含まれている。

しかし、それを除いたとしてもなお、実質賃金の伸びはマイナスになる。

これこそが、アベノミクスの評価に関して最も重要な点だ。それは、どの数値を用いても言えることなのである。

そして実質賃金が伸びないから消費支出が伸びず、このため経済の量的な拡大が生じないのである。

この状態は、金融緩和を続けたとしても変わらない。むしろ、物価上昇を考えれば、悪化する可能性が高い。こうした状況から抜け出す方途が考えられなければならない。

賃金データについての認識が高まっているいま、このことを十分に議論すべきだ。

# 第9章

# 日本経済をデータで探る

経済の姿を正しく知るには、統計データの活用が不可欠だ。
この章では、データサイトの具体的な利用法を説明する。

# 1 経済分析のためのデータサイト活用法

## 検索エンジンだけでは、求めるデータがどこにあるか分からない

30年くらい前まで、私の研究室は統計月報の類いで埋め尽くされていた。そこからデータを拾って入力していた。

いまは、ほとんどの経済データがウェブで提供されている。エクセル形式で提供されていれば、さまざまな統計処理が簡単にできる。信じられないほど便利になった。グラフも簡単に描ける。グラフを見れば、回帰分析などしなくても、相関のあるなしが分かる。

他国と比べて、日本は統計先進国だ。しかし、日本政府によるデータ提供は、決して親切な形ではなされていない。

例えば、人口は最も基本的な統計データだ。そこで、「日本の総人口の推移を過去50年間くらいにわたって知りたい」としよう。では、どこを探せばよいか？

e-Statは、日本政府の統計ポータルサイトだから、ここには、人口の統計があるに違いない。トップページで「人口」と入れると、30件の調査データが示されるが、求めるデータがその中のどこにあるのかは、分からない。

このように、検索エンジンによって求めるデータがどのサイトにあるかが分かったとしても、極めて多数の統計表があり、どれを見たらよいかが分からない場合が多いのだ。

これは、人口統計に限った問題ではない。経済データは、検索エンジンだけでは探し当てられないことが多いのである。

## 詳しすぎるデータもある

国債の利回りは、非常に重要な経済指標だ。ところが、不思議なことに、日本では使いやすいデータがなかなか手に入らない。

元データは、財務省の「国債金利データ」であり、このデータを参照せざるを得ない。

ところが、約40年間のデータが日次データとして提供されているので、分析には極めて不便だ。なぜ期間を区切るという当然なことをしてくれないのだろうか？ あるいは、月次データ等の形で提供してくれないものだろうか？

これは極端な例なのだが、似た問題は、他のデータについてもある。さまざまな定義や範囲のデータがあるのだが、どれを見たらよいか分からない。

例えば、「労働力調査」は、失業率、産業別就業者数などのデータがある重要なサイトなのだが、求めるデータがどこにあるのか、極めて分かりにくい構造になっている。

「毎月勤労統計調査」のサイトの構造も分かりにくい。「消費者物価」のサイトもそうだ。

さらに、表がＰＤＦ形式でしか提供されておらず、エクセルファイルがどこにあるのか分からない場合も多い（エクセルでのデータがないサイトも多い）。

左下のＱＲコードで開ける本書のサポートページからは、「使える日本経済データ」ナビゲーションにリンクしている。

ここには、私の長年の経験から、どのサイトにアクセスして、どの統計表を見るのが最も便利かをまとめてある。そして、対象サイトへのリンクが貼ってある。このページをブックマークして、活用していただきたい。

以下で述べるサイトの具体的利用法についても、本書と「使える日本経済データ」ナビゲーションの両方を参照していただくと、分かりやすい。

# 2 データベース方式統計サイトの使い方

## データベース方式の統計サイトが増えている

印刷物の場合、統計表は一定の形式で提供されており、利用者はその形式を変えることはできない。ウェブでデジタルデータが提供されるようになっても、この形式を踏襲した場合が多かった。典型的なものは、GDP統計である。ここには、さまざまな表が準備されている。

ところが、しばらく前から、データベース方式での統計提供がなされるようになってきた。これによると、利用者が、必要な項目、期間などを選べるようになっている。そして、エクセルファイルに時系列データがダウンロードできる。サイトが適切に設計されていれば、必要なデータだけを取り出せるので、大変便利だ。

例えば、法人企業統計調査では、極めて多数の項目(例えば売上高、営業利益など)があり、それらを業種別、企業規模別等に知る必要があるので、データベース方式は大変有用だ。

最初は取りつきにくく感じるが、すぐに慣れる。ぜひ使い方をマスターしよう。

ただし、すべての統計が使いやすいわけではない。

法人企業統計調査では、項目が分類されずにずらずらと並んでいるので、よほど慣れないと、必要な項目がどこにあるか分からない。

また、日本政府の統計窓口 e-Stat のデータベースは、大変使いにくい。

これらについて、以下で説明する。

## e-Statでは期間の指定が面倒

多くの経済分析では、時系列データを用いる。だから、必要な項目を選択したあと、「＊＊から＊＊まで」と期間を指定できる形になっていると便利だ。

日本のＧＤＰ統計では、期間の選択ができないので、表をコピーするときに一定期間だけ選んだり、コピーした表から一定期間を削除したりする必要がある。大した手間ではないが面倒だ。

日本政府の統計ポータルサイトである e-Stat では、期間の指定はできるのだが、「裏技」的な方法を用いないとできない。

消費者物価について e-Stat のデータベースを用いると、さらに面倒なことが起きる。デフォルトの設定では、月次データを取ると、月次データの途中に「年」「年度」の項目が混じるのだ。

グラフなどに表す場合には邪魔なので、これは消去する必要がある。いちいちそれをチェックしてはずさなければならないので、面倒だ。

だから、消費者物価については、データベースを用いず、従来と同じようにCSVファイルをダウンロードして、不要な部分を削除するほうがずっと簡単だ。せっかくデータベース方式を導入しながら、古い方法のほうが便利だという皮肉な結果になっている。

経済データは、まず項目を選び、その後に期間を選ぶというのが普通の利用方法なので、以下に紹介する日銀、IMF、アメリカ消費者物価などのデータベースの方式で提供してくれるのが一番使いやすい。

こういうことを見ていると、e-Stat のサイトの設計者は、経済データを実際に日々に活用している人なのだろうかと、いつも疑問に思う。

## 日銀の時系列統計データ検索サイトの使い方

日本銀行の時系列統計データ検索サイトは、データベース形式になっている。利用者が検索項目と条件を指定し、必要なデータを表示・ダウンロードすることができる。このサイトは、日本の最先端だ。うまく構成されているので、使いやすい。

「統計別検索」から「メニュー検索」を行なうのが使いやすい。

どのようなデータがあるかは、「主要時系列統計データ表・掲載データ一覧」で調べる。

企業物価指数の場合について具体的に説明すると、つぎのとおり。

「統計別検索」の中で「物価」を選び、つぎに「企業物価指数」を選ぶ。

さらに、「企業物価指数2015年基準」を選んで、「展開」を押す。

「総平均」を選び、さらに「国内企業物価総平均」などの必要な項目を「抽出条件に追加」。

要するに、「データ系列」を選択し、「抽出条件に追加ボタンを押してください」の表示が出るまで、項目を選択して「展開」を押すという操作を続ければよいわけだ。

「抽出対象データコード」に正しく表示されていれば、「抽出対象期間」を指定して、「抽出」ボタンを押し、つぎに「ダウンロード」ボタンを押す。

## 法人企業統計調査のデータベースの使い方

①e-Statの法人企業統計調査のページから、時点を選ぶ（普通は、最上段にある最新時点）。
②開かれたページで、統計表を選ぶ（普通は、「金融業、保険業以外の業種（原数値）」）。
右端のDBのボタンを押す。
③開かれたページで「表示項目選択」を押す。各項目につき、ボックス内の数字をクリックして、項目を選ぶ。「全解除」してから、必要なものを選ぶとよい。

④「表示を更新」を押すと、統計数字が表れる。
⑤「更新」して「ダウンロード」する。
⑥期間の選択については、右の方式でもできるが、すべての時点をいちいち選択しなければならない。

ある範囲の一括選択は、つぎのようにする。
例えば、２００１年１～３月から18年４～６月の範囲を選択したいとする。

①全解除。
②２００１年１～３月を選ぶ。
③シフトキーを押して、２０１８年４～６月を選ぶ。
④シフトキーを押したまま、「配下グループの選択」で「選択」を押す。
⑤確定を押す。
⑥「表示を更新」を押すと、表が表示される。
⑦「更新」→「ダウンロード」と進む。

実は、「配下グループの選択」は、期間の設定に用いるだけではない。どんなデータでも、始点と終点を指定すると、その間のデータがすべて選択されるのだ。その意味で極めて便利なものだ。

しかし、その利用法の説明は、「ヘルプ」を見ると、つぎのようになっている。これでは、何のことかさっぱり分からない。

「このボタンをクリックすると、選択した項目、及びその下位レベルの項目のチェックボックスをチェック有／チェック無に変更します」

また、連続して選択したいのは時点である場合が多いので、期間設定は、日銀形式の設定方法のほうが圧倒的に便利だ。

## 消費者物価サイトのメニュー方式（DB方式）の使用法

まず、e-Statの消費者物価指数のページを開く。

「生鮮食品を除く総合」の対前年同月比を知りたいのであれば、「3　中分類指数　前年同月比」の「DB」を押す。

開いたウインドウで、つぎの操作を行なう。

①「表示項目選択」を押す。
②「表章項目」:「項目を選択」で必要な項目を選ぶ。
③「2015年基準品目」:「項目を選択」を押す。開いたウインドウで全解除にしたあと、「生鮮食品を除く総合」を選んで「確定」を押す。
④「地域」:「項目を選択」を押す。開いたウインドウで全解除にしたあと、「全国」を選んで「確定」を押す。
⑤「時間軸」については、法人企業統計調査と同じ。
⑥「表示を更新」を押す。
⑦「更新」を押し、「ダウンロード」。

これでエクセルファイルに時系列データがダウンロードできるが、すでに述べたように、右の操作で「時間軸」をそのままにしたので、月次データの途中に「年」「年度」の項目が混じる。グラフなどに表す場合には邪魔なので、これを消去する(右の操作で「時間軸」から「年」「年度」の項目を除去してもよいが、面倒だ)。

## その他の日本のデータベースサイトの使い方

◎貿易統計（輸出入額の推移）

ここにあるファイルは、以前はつぎのような方法でダウンロードできた。

①マウスの右クリックで現れる「名前を付けてページを保存」を選択。

②「ファイルの種類」を「すべてのファイル」にして保存。

③保存したファイルを開く。

ところが、最近はこの方法が機能しなくなったので、つぎの方法をとる。

①必要な部分をコピーしてエクセルファイルに貼り付け。

②第1列目を選択。

③データ→区切り設定→カンマで区切られたデータ→次へ→カンマ→次へ→完了。

◎日本自動車工業会のデータベース

項目を選択すれば簡単に使えるが、注意しなければいけないのは、時系列データを見る場合、「2．表のスタイルの選択」で、「時系列 x 車種」を選択すること（そうしないと、一時点のデータしか表示されない)。

## 海外のデータベースサイトの使い方

### ◎アメリカ消費者物価指数

All Urban Consumers (CurrentSeries) の Multi-screen を選ぶ。

つぎつぎに検索条件を指定して、選択しながら、Next form に進む。

Item の選択のとき、複数の項目を選ぶには、Ctrl キーを押しながら行なう。

最後に Retrieve Data になる。このボタンを押すとデータが出てくるので、期間を選ぶ(この方式で期間を選べるのは便利だ)。

このページでグラフを選んで Go を押すと、グラフも見られる。

使い方が分からなければ、最初のページで、All Urban Consumers (CurrentSeries) の Tables を開けば、通常の形態の表を選択できる。

生産者物価や労働関連データも同じ。

### ◎FRB(金融統計データ)

時系列データを得るには、Data Download Program に行く。

この使い方は、やや面倒だ。

まず、Select a preformatted data package でインタバルを選ぶ。

FFレートを見るなら、Weekly Averages（Fed Funds, Prime and Discount rates）、国債の利回りを見るなら、Weekly Averages がよい。つぎの操作を行なう。

①Format package を押す。
②Observations で Last 100 を選ぶ（または、Dates で日を設定）。
③Go to download → Download files を入手。

こうすると、すべての銘柄の国債のデータが出てきてしまう。あらかじめ銘柄を選ぶこともできるのだが、全部出して、必要なものだけを抜き出すほうが簡単。

### ◎UN Comtrade Database

財、サービスの貿易について、任意の国と任意のパートナーの輸出入のデータがある。米中間の貿易などを見るのに便利。

画面の指示にしたがって入力していけば簡単に入手できる。

１つの項目について時系列データを並べられないのが不便。

# 3 データがPDFでしか提供されていない場合の対処

## PDF形式は使いにくい

データが見やすい形で得られても、それが分析に役立つとは限らない。分析のためには、グラフを描いたり、比率をとったりという作業を行なうので、データがエクセル形式（スプレッドシート形式）で提供されていることが必要だ。

ところが、日本の官庁によるデータ提供は、データがＰＤＦでしか提供されていない場合が極めて多いのである。

それがとくに顕著なのが、税・財政に関係するデータだ。財務省のサイトでは、予算や税に関する似たような内容のデータがホームページに雑然と掲載されており、非常に使いにくい。

しかも驚くべきことに、財務省のページには、エクセルのデータはほとんどない。大部分が

PDFであるため、分析には使えないのである。

財務省のサイトに、「わが国税制・財政の現状全般に関する資料」というセクションがある。ここには、税収の推移や負担率など、税に関してしばしば用いる統計データがある。しかし、サイトの構成は分かりにくく、その上、データはPDFでしか提供されていない。

国税庁のサイトには、エクセルのデータもある。しかし、すべてではない。

財政総合政策研究所の『財政金融統計月報』には、エクセルデータがある。その中には長期のデータもある。しかし、すべてではない。多くの人が使うであろう税収の区別収入は、なんと、昭和60年までしかない。

地方税のデータは、総務省のサイトにある。このサイトでは、データは分かりやすい形で提供されている。しかし、エクセルでは提供されていない。

予算にしても税にしても数字そのものである。だからデータはたくさん持っているはずだ。しかも、元のデータはエクセルのはずだ。しかし、それを使いやすい形で国民に提供してはいないのだ。

どのような施策を行なっているかという宣伝的なものはあるのだが、財政を客観的かつ定量的に分析するデータが提供されていない。

「民は由らしむべし、知らしむべからず」という姿勢の表れだと考えざるを得ない。

## ＰＤＦをエクセルに変換する方法

Acrobatを持っていれば、次の方法でＰＤＦをエクセルに変換することができる。

①ウェブにあるＰＤＦファイルをダウンロードする。
②Acrobatを開く。
③「ツール」で「ＰＤＦを書き出し」を選ぶ。
④書き出し形式にスプレッドシートを選択し、「Microsoft Excel ブック」を選択。
⑤「ファイルを選択」でダウンロードしたＰＤＦファイルを選択。
⑥「書き出し」をする。

Acrobatを持っていない場合には、ウェブにあるＰＤＦファイルのスクリーンショットを撮り、それをエクセルファイルに貼り付けるとよいだろう。

その表を見ながら、必要な数字をエクセルに打ち込むのである。

# 図表一覧

■第 1 章



■第 2 章



■第 3 章



■第 4 章

【ラ行】

【ハ行】



【マ行】



【ヤ行】

【タ行】



【ナ行】

【サ行】

【カ行】

# 索引

【英字】



【ア行】

［著者］

**野口悠紀雄**（のぐち・ゆきお）

1940年東京生まれ。63年東京大学工学部卒業、64年大蔵省入省、72年イェール大学Ph.D.（経済学博士号）を取得。一橋大学教授、東京大学教授、スタンフォード大学客員教授、早稲田大学大学院ファイナンス研究科教授などを経て、2017年9月より早稲田大学ビジネス・ファイナンス研究センター顧問、一橋大学名誉教授。専攻はファイナンス理論、日本経済論。著書に『情報の経済理論』（東洋経済新報社、日経経済図書文化賞）、『財政危機の構造』（東洋経済新報社、サントリー学芸賞）、『バブルの経済学』（日本経済新聞社、吉野作造賞）、『「超」整理法』（中公新書）、近著に『データ資本主義』（日本経済新聞出版社）、『「超」ＡＩ整理法 』（KADOKAWA）、『マネーの魔術史』（新潮選書）、『平成はなぜ失敗したのか』（幻冬舎）、『仮想通貨はどうなるか』（ダイヤモンド社）など多数。

◆note　https://note.mu/yukionoguchi
◆Twitter　https://twitter.com/yukionoguchi10
◆ウェブサイト　http://www.noguchi.co.jp/



**野口悠紀雄の経済データ分析講座**

――企業の利益が増えても、なぜ賃金は上がらないのか？

2019年11月27日　第1刷発行

著　者――野口悠紀雄
発行所――ダイヤモンド社
〒150-8409　東京都渋谷区神宮前6-12-17
http://www.diamond.co.jp/
電話／03･5778･7234（編集）　03･5778･7240（販売）
装丁――――竹内雄二
DTP ―――荒川典久
製作進行――ダイヤモンド・グラフィック社
印刷――――堀内印刷所（本文）・新藤慶昌堂（カバー）
製本――――ブックアート
編集担当――田口昌輝




ISBN 978-4-478-10940-3